COLLECTION
FOLIO/ACTUEL

Habib Souaïdia

La sale guerre

Le témoignage d'un ancien officier
des forces spéciales
de l'armée algérienne, 1992-2000

*Préface
de Ferdinando Imposimato*

Gallimard

Remerciements

Je tiens à remercier Mohamed Sifaoui pour l'aide qu'il m'a apportée dans l'établissement de la version initiale de cet ouvrage.

© *Éditions La Découverte & Syros, Paris, 2001.*

À toutes les victimes de cette sale guerre.
À tous les civils et militaires qui l'ont refusée et qui ont été lâchement assassinés.
À tous les prisonniers de l'injustice.

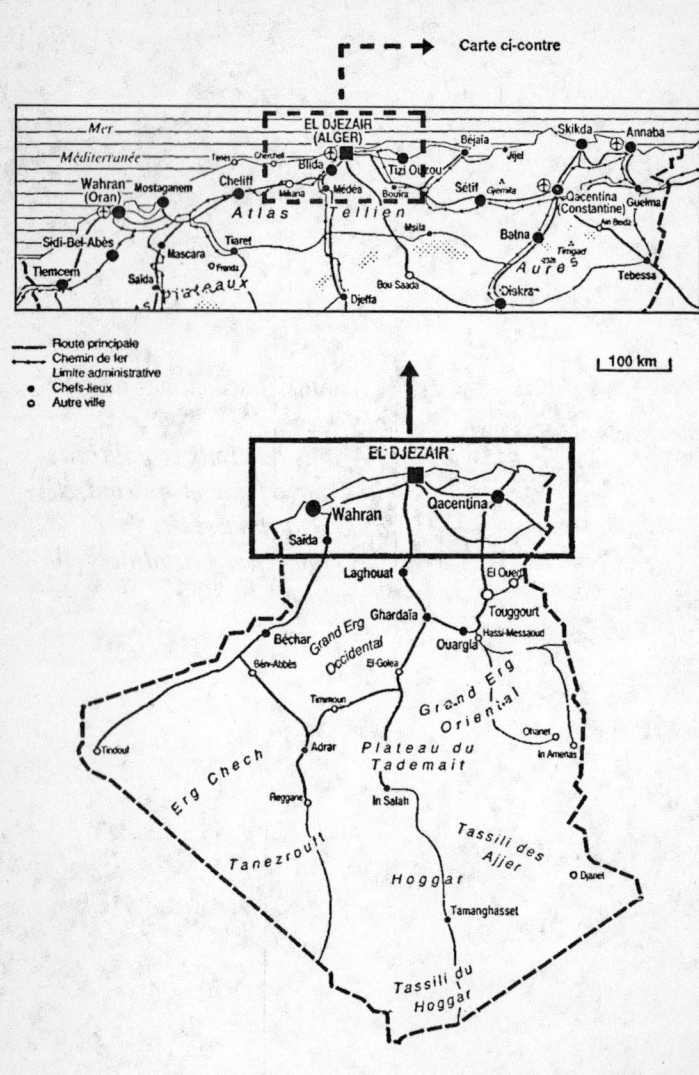

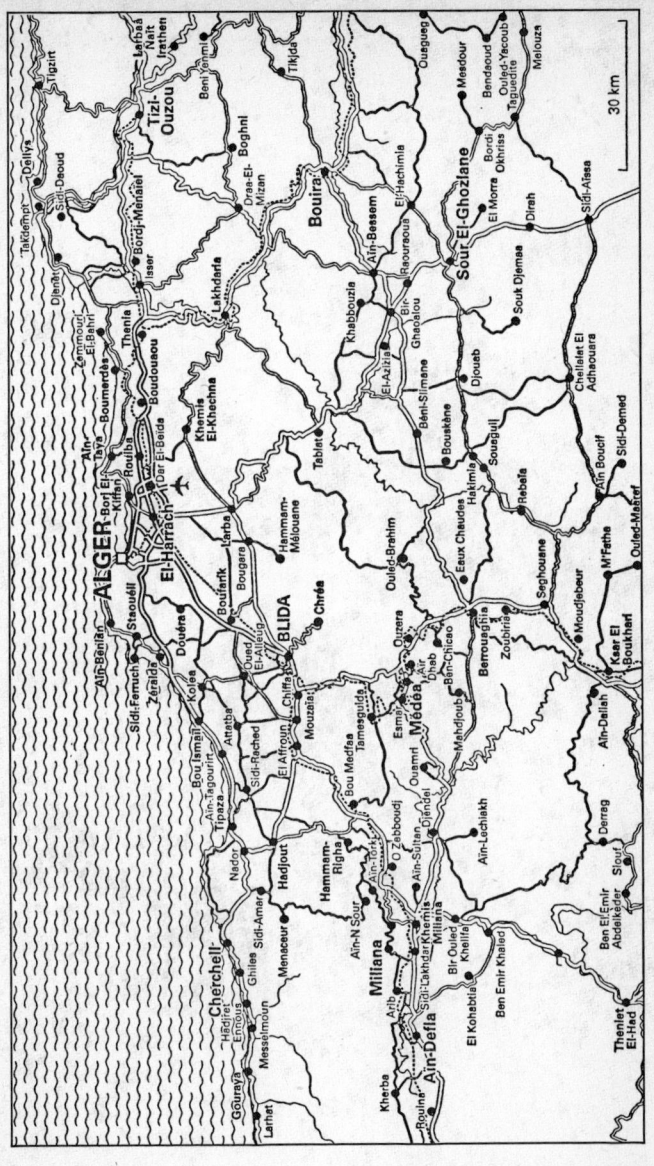

PRÉFACE
*par Ferdinando Imposimato**

La sale guerre est le témoignage bouleversant sur la tragédie algérienne de l'un de ses protagonistes : Habib Souaïdia, ancien officier des forces spéciales chargées de la lutte contre le terrorisme islamique, y raconte ses années de guerre à partir de 1992, et aussi les années de prison qu'il a dû subir.

* Ferdinando Imposimato, ancien député et sénateur, président honoraire adjoint de la Cour suprême de cassation d'Italie, est actuellement avocat pénaliste en Italie et à l'étranger, spécialisé dans les affaires de corruption et de violations des droits de l'homme. Magistrat de 1964 à 1986, il s'est rendu célèbre par ses enquêtes sur la mafia et le terrorisme en Italie. Il a notamment instruit plusieurs grandes affaires de terrorisme (assassinat d'Aldo Moro, attentat contre Jean-Paul II, massacre de Piazza Nicosia à Rome, etc.) et relatives à la mafia, dans les années soixante-dix et quatre-vingt. En tant que consultant des Nations unies, il a participé à de nombreuses missions sur les questions de narcotrafic, de crime organisé et d'antiterrorisme. Il est notamment l'auteur de *Un juge en Italie. Pouvoir, corruption, terrorisme. Les dossiers noirs de la Mafia* (De Fallois, Paris, avril 2000).
Texte traduit de l'italien par Anna Bozzo.

Pendant de nombreuses années, je me suis occupé, en tant que juge d'instruction, des dossiers de terrorismes rouge et noir, italien et international, et des liens de ces terrorismes avec les services secrets de plusieurs pays. J'ai lu des milliers de pièces judiciaires, de procès-verbaux de commissions parlementaires, d'articles de journalistes et d'experts ; et j'ai parlé avec des centaines de terroristes. Malgré tout cela, j'ai pris conscience des immenses lacunes qui subsistent dans la connaissance de nombreux aspects du phénomène terroriste, de sa diversité dans les différentes régions du monde, notamment en Algérie, où l'on croyait tout savoir depuis longtemps.

La vérité n'est pas facile .

En lisant le livre de Habib Souaïdia, j'ai découvert la différence considérable entre la réalité algérienne et la façon dont les médias en ont rendu compte. Pour la plupart des Européens, les massacres quotidiens de citoyens désarmés, de femmes et d'enfants sont uniquement l'œuvre de terroristes islamiques fanatiques et sanguinaires. Pour ma part, je n'avais jamais soupçonné que les appareils institutionnels de prévention et de répression, ou du moins une partie d'entre eux, pouvaient être impliqués à ce point dans ces tueries, comme le montre l'auteur. Son récit efficace, à plus d'un titre essentiel, ébranle bien des certitudes : il soulève de nombreuses interrogations et pose à la conscience civile des Européens le problème de ce qui n'a pas été fait pour arrêter les massacres et de ce qui pourrait être fait aujourd'hui.

C'est un devoir moral, mais aussi une nécessité politique, de rétablir la vérité face à un phénomène qui tôt ou tard pourrait atteindre l'Europe. Dans une telle réflexion, la prudence est toutefois de règle, puisqu'il faut éviter de passer d'une vérité opportuniste à une autre vérité tout aussi peu démontrée, surtout en ce qui concerne des crimes terroristes non clairement revendiqués. Mais il importe de ne pas tomber dans l'erreur inverse : celle de prétendre qu'on ne peut démontrer un fait sans preuves mathématiques, absolues, granitiques.

Car la vérité historique n'est ni simple ni schématique, et elle n'est pas toujours « logique » : il existe des vérités incroyables pour le sens commun, et qui n'en sont pas pour autant moins réelles. La vérité n'est pas facile, car la réalité, les hommes et leurs desseins ne sont pas simples. Ne pas tenir compte de la complexité de la vie peut signifier uniquement un refus de la vérité. Certes, nous ne pouvons nous contenter des points de vue et des opinions ; mais face à une histoire racontée par quelqu'un qui, comme ce jeune officier, l'a vécue dans sa chair, nous ne pouvons fermer les yeux, même si nous devons l'évaluer de manière critique.

C'est ce que j'ai essayé de faire ici, en mettant en rapport cette histoire avec d'autres événements historiquement prouvés, pour en apprécier la cohérence ou les contradictions éventuelles. L'analyse attentive de ce récit conduit, sinon à la certitude absolue — qui serait prématurée —, du moins à une vérité très probable quant à la nature complexe du terrorisme algérien. Une vérité permettant d'éviter les pièges de la manipulation et de l'« omerta » qui servent souvent de paravent à la raison d'État, au nom de laquelle tous les moyens, légaux *et* illégaux, sont bons pour vaincre le terrorisme.

Le témoignage de Habib Souaïdia me paraît en effet hautement crédible, pour deux raisons principales. En premier lieu, la précision des faits qu'il rapporte est telle qu'il paraît parfaitement invraisemblable qu'il ait pu les inventer ;

l'éditeur, pour sa part, avant de décider la publication de ce récit, a nécessairement procédé à toutes les vérifications possibles et a acquis la conviction de se trouver en face d'un témoin sincère et fortement motivé. En second lieu, tout ce qu'il raconte est absolument cohérent avec ce que rapportent depuis des années les observateurs attentifs de la réalité algérienne (d'un côté, les ONG qui ont enquêté sur place, comme Amnesty International et d'autres[1] ; de l'autre, les experts de la question : sociologues, politologues, historiens et journalistes, dont de nombreux Algériens[2]).

---

1. Voir notamment : AMNESTY INTERNATIONAL, FÉDÉRATION INTERNATIONALE DES DROITS DE L'HOMME, HUMAN RIGHTS WATCH, REPORTERS SANS FRONTIÈRES, *Algérie, le livre noir*, La Découverte, Paris, 1997.
2. Voir notamment : Séverine LABAT, *Les islamistes algériens. Entre les urnes et le maquis*, Seuil, Paris, 1995 ; Anna BOZZO, « Violenza e politica in Algeria : una "strategia della tensione" ? », *Giano. Pace, ambiente, problemi globali*, n° 26, septembre 1997 ; Michael WILLIS, *The Islamist Challenge in Algeria*, New York University Press, New York, 1997 ; Werner RUF, *Die algerische Tragödie*, Agenda-Verlag, Berlin, 1997 ; Lahouari ADDI, « L'armée algérienne confisque le pouvoir », *Le Monde diplomatique*, février 1998 ; Luis MARTINEZ, *La guerre civile en Algérie*, Karthala, Paris, 1998 ; Lucile PROVOST, *La seconde guerre d'Algérie*, Flammarion, Paris, 1998 ; Djallal MALTI, *La nouvelle guerre d'Algérie. Dix clés pour comprendre*, La Découverte, Paris, 1999 ; Gema MARTIN MUÑOZ, *El Estado arabe. Crisis de legitimidad y contestación islamista*, Bellaterra, Madrid, 1999.

Les origines de la violence islamiste

Le livre décrit les actions féroces des terroristes islamistes et des forces de sécurité chargées de les combattre. Surtout, et c'est là sa grande nouveauté, il donne à voir pour la première fois, de l'intérieur, le fonctionnement précis dans la guerre de l'appareil militaire et des organismes de sécurité algériens, restés jusqu'alors extrêmement opaques. Mais Habib Souaïdia n'omet pas d'évoquer le contexte historique et économique, caractérisé par la concentration de la richesse entre les mains de quelques groupes, la fin de la parenthèse démocratique avec l'annulation des élections et le coup d'État militaire de janvier 1992, le contrôle par l'armée de la composition des gouvernements et de la justice, la désinformation, les silences médiatiques et l'inertie de la communauté internationale.

Se font jour ainsi les liens complexes entre terrorisme, corruption et une partie du pouvoir politico-militaire. Le terrorisme apparaît à la fois comme le moyen de lutte des groupes armés islamistes contre le « système » et comme un instrument utilisé par un pouvoir invisible, non pour défendre la démocratie, mais pour rester en place : à côté des actions sanguinaires des islamistes, nombre d'actes terroristes qui leur ont été attribués ont été le fait de ce pouvoir invisible, dans le but, selon Souaïdia, d'éliminer ses adversaires politiques.

Cela m'évoque le souvenir de *La bataille d'Alger* de Gillo Pontecorvo (1966) : en deux heures, à nos yeux d'Européens éloignés du conflit de la « première guerre d'Algérie », ce film avait fait voler en éclats le mythe des légionnaires héroïques et nous avait mis pour la première fois face à la terrible réalité de la répression militaire française. Il n'est en effet pas inutile de rappeler à quel point la « sale guerre » menée depuis 1992 par les généraux algériens et dont témoigne Habib Souaïdia reprend les méthodes utilisées de 1954 à 1962 par les militaires français (et à leur suite par les Américains au Viêt Nam et leurs disciples latino-américains de l'« École des Amériques » à Panama dans les années soixante-dix) : contre-insurrection, manipulations, faux maquis, etc.

Reste que la violence islamiste est aussi une réalité, dont il importe de comprendre les origines, faute de quoi il sera impossible de trouver une thérapie adéquate. Sur ce plan, la situation algérienne est très différente de celles des pays européens qui ont également connu — ou connaissent encore — le terrorisme. On fait fausse route en affirmant que ceux qui se réclament de l'islam pour prendre les armes sont exclusivement inspirés par le fanatisme religieux. La composante religieuse est évidemment importante en Algérie, mais il existe aussi une motivation sociale et politique plus profonde, opposant radicalement les partisans de la lutte armée à un pouvoir qu'ils jugent impie et corrompu. C'est ce qui a créé le consensus dans les couches les plus pauvres de la population, qui comprennent bien la situation au-delà des apparences.

Il n'y a jamais eu unanimité dans la nébuleuse islamiste algérienne quant aux moyens de combattre ce pouvoir. Celle-ci, après un long débat interne, avait fini par adhérer dans sa grande majorité à la voie électorale. Ce n'est qu'après l'annulation du premier tour des élections législatives de décembre 1991 et le coup d'État de janvier 1992 que la frange minoritaire la plus radicale a occupé le devant de la scène, estimant de ne pas avoir d'alternative : ce pouvoir exercé depuis l'indépendance de façon antidémocratique par une poignée de généraux, avec des appuis extérieurs, notamment des multinationales du pétrole, il fallait le combattre par les armes.

C'est ainsi que l'on s'est enfoncé dans la spirale terrorisme-répression, cette « sale guerre » que nous raconte Habib Souaïdia : « Plusieurs groupes armés islamistes [...] s'étaient créés dans les semaines qui ont suivi l'arrêt du processus électoral. » Ils s'ajoutaient à des groupes encore plus radicaux, qui existaient depuis longtemps et qui étaient passés à la lutte armée, comme « *El hijra oua takfir* (Exil et Expiation), formé principalement des anciens "Afghans", ou *Kataeb el Qods* (les Brigades de Jérusalem), un mouvement pro-chiite et financé, disait-on, par les Iraniens et le *Hezbollah* libanais ». Or, nous confirme Souaïdia, « ces groupes étaient autonomes par rapport au FIS » mais « on racontait déjà à l'époque qu'ils étaient infiltrés ou manipulés par la SM ».

L'évocation de cette rumeur d'un financement étranger des premiers groupes armés islamistes, fort vraisemblable, n'est pas nouvelle ; il est plus intéressant de souligner celle qui faisait état, dès le début de 1992, d'une manipulation de ces groupes par les services secrets de l'armée (la Sécurité militaire, ou SM), manipulation dont Habib Souaïdia nous donne maints témoignages très précis dans la période ultérieure. Depuis cette époque, on a assisté à une effroyable escalade de la violence, dont il semble toujours impossible aujourd'hui d'entrevoir la fin.

La « stratégie de la tension »

Au lendemain du coup d'État de janvier 1992, ont commencé les attentats contre policiers et militaires. La répression gouvernementale a été brutale. Soldats et officiers des forces spéciales de l'ANP n'avaient guère l'expérience de la lutte antiterroriste et ils étaient ainsi facilement manipulables. Et la population n'avait aucune confiance dans ces unités, qui intervenaient sans aucun respect des libertés des citoyens : arrestations, ratissages, perquisitions de masse frappaient de simples suspects de complicité avec les terroristes, et non à partir de preuves légales. Dès 1992, l'essentiel de la répression a moins visé les groupes armés que la population civile, censée les soutenir. Le pouvoir a employé la Sécurité militaire et les unités spéciales de la gendarmerie et de la police pour arrêter, torturer, liquider ou envoyer dans les camps d'internement du Sud des milliers de jeunes militants ou sympathisants du FIS qui n'avaient aucune responsabilité dans la lutte armée. Beaucoup d'entre eux ont été jugés et condamnés à mort par les tribunaux militaires lors de procès sommaires, en violation des droits de l'homme et des principes de jugement équitable définis par les règles des Nations unies et par la Convention européenne des droits de l'homme de 1950.

Cette criminalisation de l'opposition, injuste et massive, a eu l'effet contraire à celui escompté. Pour beaucoup de jeunes, il n'y avait d'autre issue que de rejoindre le maquis : ceux qui avaient perdu les leurs, ou qui avaient subi des arrestations injustes ou des tortures, ont accumulé une telle haine qu'ils sont passés à la lutte armée. Ce qui conduit Habib Souaïdia, fort logiquement, à définir l'armée comme le « principal agent de recrutement » du terrorisme islamiste.

Cette stratégie a été en fait un instrument aux mains des hiérarchies militaires et d'une petite élite de privilégiés pour conserver le pouvoir. Elle ressemble singulièrement à celle adoptée en Italie dans les années soixante-dix par un « pouvoir invisible », mais néanmoins réel : alors que les Brigades rouges sévissaient, celui-ci a eu recours à des massacres de masse (attentats aveugles aux revendications douteuses) pour se consolider grâce à la psychose collective engendrée par l'insécurité généralisée, et empêcher tout changement, en détournant l'attention du pays des problèmes sociaux non résolus.

Dans le développement du terrorisme algérien, comme dans celui du terrorisme italien de l'après-guerre, les services secrets de l'armée ont assuré un rôle central, renforçant ainsi le pouvoir : la manipulation de la violence a justifié des mesures répressives de plus en plus dures. La technique de la Sécurité militaire algérienne, consistant à laisser se produire des attentats des extrémistes islamistes, voire à les encourager (comme c'est probablement le cas de ceux de l'aéroport Houari-Boumediene et du cimetière de Sidi-Ali à l'automne 1992), c'est celle de la « stratégie de la tension ». Elle a été expérimentée en Italie, où les auteurs des massacres ont reçu pendant des années l'aide de certains secteurs des services de l'armée pour se procurer des armes et des explosifs, ou pour trouver des refuges à l'étranger.

En Algérie, cette stratégie qui pourrait impliquer certains généraux sans scrupules, agissant en collaboration étroite avec les services de sécurité, a frappé des citoyens innocents, mais aussi des militaires courageux et honnêtes, qui se voulaient les garants des libertés démocratiques — beaucoup d'entre eux ont été victimes d'abus sans nom, privés de liberté ou exécutés. La férocité de certains éléments des unités spéciales, chargés d'appliquer la stratégie de la tension avec licence de tuer, n'a connu aucune limite, tout spécialement contre les jeunes. Et elle a été entretenue par une législation liberticide : l'âge pour la responsabilité pénale en matière d'actions terroristes a été abaissé de dix-huit à seize ans ; et le simple fait d'être soupçonné de liens avec une action ou un sujet terroriste, ou de ne pas avoir dénoncé un fait de terrorisme dont on était informé, est devenu un crime. Ces lois, contraires à tous les principes du droit, ne précisaient nullement le comportement criminel qu'on allait punir : elles criminalisaient le simple soupçon. Elles ont conduit a la multiplication des attentats et des abus de pouvoir.

En Italie, la politique de répression indiscriminée du pouvoir a toujours été, sans succès, la cible des Brigades rouges. En la dénonçant, elles cherchaient à rallier l'opinion et à pousser le pays hors des sentiers de la démocratie et du respect des droits de l'homme. Mais cette spirale de terreur-répression a été brisée par les forces démocratiques et surtout par les magistrats. Ces derniers, quoique angoissés par les assassinats de dizaines de juges, carabiniers et policiers, ont assuré la défense de l'État de droit, estimant qu'il fallait appliquer strictement la législation en vigueur plutôt que d'avoir recours à une législation d'exception, et ils se sont opposés à l'introduction de la peine de mort. Alors qu'en Algérie on a créé des lois visant à criminaliser l'opposition islamique, soit plus de trois millions de citoyens — un quart du corps électoral — qui avaient voté pour le parti islamique.

Le « pouvoir invisible »

Son passage dans les troupes spéciales a mis définitivement Habib Souaïdia face à la vérité : il voulait combattre les terroristes islamistes, mais il ignorait qu'il serait contraint d'agir comme eux. Nombre des crimes révoltants qu'il rapporte étaient à ce jour inconnus des citoyens européens : il n'y a pas eu, comme je l'ai dit, d'analyse objective, ni dans la couverture médiatique ni dans la recherche de la vérité.

En Italie, on n'a généralement pas compris l'origine et la finalité de ces attentats en série qui ont frappé la population civile et les institutions en Algérie. Alors même qu'aucun autre pays de la Méditerranée n'a connu, pendant toutes ces années, une telle situation de violence subversive. Or, on le verra à la lecture de ce livre, le caractère endémique de cette violence ne s'explique pas, pour l'essentiel, par la volonté de certains de ses protagonistes d'imposer un système politique différent : bien au contraire, elle a été entretenue par ceux qui occupent le pouvoir afin de s'y maintenir, en étouffant, au nom des impératifs sécuritaires, toute initiative de la société civile.

En Algérie, donc, a toujours existé un centre de pouvoir occulte. Il a agi avec un cynisme extrême pour façonner le cours des événements. Il a verrouillé la société, il a liquidé les opposants, à l'intérieur comme à l'extérieur du système. Mais il n'a pas réussi à arrêter le cours de l'histoire. Ici, une question s'impose : qui fait l'histoire ? Les historiens nous ont appris que la grande histoire est portée par les grands mouvements idéologiques, religieux, politiques et syndicaux, par l'évolution des classes sociales, des sociétés et des États, par les luttes dont ils sont à la fois les protagonistes et l'expression. Elle n'est pas l'œuvre de petits complots ou de grandes conspirations : la théorie de la conspiration universelle est une vision de l'histoire réductrice et inacceptable.

Pour autant, la scène du monde a profondément changé au cours du dernier demi-siècle. Dans les coulisses, les pouvoirs occultes, avec leurs connexions internationales, ont joué un rôle croissant. En prendre conscience ne signifie pas revenir à une vision réductrice de l'évolution des sociétés, mais tout simplement prendre en considération, dans la lecture de ces événements, cette variable de l'histoire qu'est le pouvoir invisible. Car ce dernier n'hésite pas à se servir du terrorisme : celui de l'opposition, qu'il laisse se développer, voire manipule en sous-main ; et celui de l'État, souvent maquillé pour qu'il soit attribué aux forces subversives d'opposition.

De surcroît, il est fréquent que les acteurs des différentes formes de pouvoir occulte s'interpénètrent : les mouvements subversifs s'enchevêtrent avec les services secrets de l'État, avec les cercles du pouvoir politico-militaire et de la corruption ou avec la criminalité organisée de type mafieux. L'histoire de ces dernières années en Algérie, telle qu'elle transparaît à travers le récit de Habib Souaïdia, est riche en épisodes révélant cette imbrication de canaux souterrains qui finissent toujours par trouver une voie de communication entre eux. À un certain moment, les intérêts opposés arrivent à coïncider. À la fin du livre, on découvrira ainsi que nombre des protagonistes de la « sale guerre », ceux-là mêmes qui ont eu les plus grandes responsabilités dans la stratégie de la tension, dans un camp comme dans l'autre, se sont enrichis et sont devenus des oligarques intouchables.

Même si les différences sont bien sûr importantes, l'exemple italien peut de ce point de vue être éclairant. En 1981, une commission parlementaire, appelée à se prononcer sur la loge maçonnique P2, parle explicitement du « pouvoir invisible » : elle évoque, pour décrire la structure du pouvoir, l'existence de deux pyramides symétriques, l'une inférieure, que l'on connaît, et l'autre, supérieure, dont on ignore tout — elle est le pouvoir secret, constitué de ceux-là mêmes qui gèrent le pouvoir en dehors des lieux institutionnels, mais aussi par le biais des institutions. La logique du monde qui tourne autour du pouvoir secret — je cite toujours la commission de 1981 — se situe au-delà du seuil de compréhension du commun des mortels. Dans ce monde trouble coexistent un niveau légal, composé de politiques, banquiers, patrons de presse, entrepreneurs, usuriers, hommes des services, fonctionnaires, et un niveau illégal, militarisé, où se situent mafieux, terroristes et tueurs stipendiés. Ces derniers constituent le bras armé du premier niveau.

En Italie, pendant longtemps, le pouvoir invisible a été la synthèse des différents pouvoirs occultes : outre la mafia, certains secteurs du pouvoir officiel, des services secrets et du pouvoir économique. Ce pouvoir invisible n'était pas un contre-pouvoir : c'était le pouvoir légal lui-même qui s'autorisait, pour défendre ses intérêts et atteindre ses buts, à recourir à des méthodes illégales que lui aurait interdites l'exercice légitime du pouvoir. Chaque fois que le pouvoir légal voulait éliminer un adversaire, il avait recours à l'assassinat par des tueurs des pouvoirs occultes, institutionnels ou non. Le but déclaré était toujours la liberté et la justice ; mais le moyen d'y parvenir était le crime.

Je suis convaincu d'une chose : il faut combattre le terrorisme sans demi-mesures et sans hésitation, mais aussi en démasquant ceux qui l'exploitent sous prétexte de le combattre. Que l'Europe et les États-Unis ne se fassent pas d'illusions : ils devront tôt ou tard payer très cher le fait de faire semblant de ne rien voir et de ne rien comprendre. La vision nationale et locale du terrorisme est aujourd'hui dépassée : une collaboration internationale est indispensable, mais elle doit savoir éviter les pièges de la propagande et comprendre les profonds malaises sociaux qui, dans chaque contexte, sont aux sources du *djihad* islamique.

Que faire ?

Le chemin pour résoudre la crise algérienne sera long et difficile. Face aux massacres de la population civile qui perdurent, dans une situation économique et sociale détériorée et dramatique, marquée par la corruption et la délinquance organisée, il n'est pas pensable que la politique dite de « concorde civile » du président Bouteflika, ne prenant pas en compte les problèmes politiques, puisse mettre fin au bain de sang. Cela est impossible tant que les familles des milliers de victimes du terrorisme et de milliers de disparus continuent à attendre que justice soit rendue.

Il est clair qu'à long terme une solution politique durable au problème algérien ne pourra venir que de l'Algérie elle-même. Celle-ci suppose un pacte social clair et ferme, fondé sur le refus catégorique de la violence d'où qu'elle vienne et sur la reconnaissance de toutes les forces politiques qui reconnaissent ce principe, en vue de l'instauration d'un État de droit digne de ce nom : je suis convaincu que la grande majorité des Algériens y sont prêts. Mais les forces de la société civile qui pourront porter ce projet sont aujourd'hui fragilisées et dispersées. La spirale terrorisme-répression a en effet provoqué l'affaiblissement et l'exil d'une partie de ces forces essentielles, tant pour la lutte contre le terrorisme que pour le rétablissement de la légalité démocratique, quelle que soit leur appartenance politique. Dans des circonstances normales, s'il existait en Algérie des institutions vraiment représentatives et librement élues, face aux révélations de Habib Souaïdia (et celles de Nesroulah Yous sur le massacre de Bentalha [1]), une commission d'enquête se mettrait immédiatement en place, à l'initiative des parlementaires algériens eux-mêmes, pour établir les responsabilités politiques de ces faits gravissimes. Mais cet objectif ne paraît pas réaliste à court terme.

Alors, quelles sont les possibilités, aujourd'hui, d'identifier et de poursuivre pénalement les auteurs des crimes commis par les terroristes et par les forces de sécurité ? Avant tout, il faut préciser qu'il s'agit sans la moindre ambiguïté de crimes contre l'humanité, selon la définition extrêmement précise donnée par l'article 7 du statut de la Cour pénale internationale (CPI) [2] ; et rappeler que la situation algérienne

---

1. Nesroulah YOUS, *Qui a tué à Bentalha ? Algérie, chronique d'un massacre annoncé*, La Découverte, Paris, 2000.
2. On peut trouver le texte complet de ce statut à l'adresse suivante : www.diplomatiejudiciaire.com/DJ/StatutCPI1.htm.

a été explicitement évoquée lors de la conférence des Nations unies qui a adopté ce statut, en juillet 1998 à Rome[1]. La CPI, spécialement conçue pour protéger les populations des crimes commis en dehors des guerres déclarées, sera pour cela un instrument essentiel, mais elle n'est pas encore opérationnelle et elle ne sera compétente que pour les crimes commis *après* son entrée en vigueur[2].

Pour autant, cela ne signifie aucunement qu'il n'y a rien à faire. Car l'opinion publique internationale n'est plus disposée à tolérer que, sous prétexte de lutte antiterroriste, des actes inhumains et cruels contre les populations civiles désarmées demeurent impunis. Cette culture est un acquis de notre époque. Elle est à la base de l'institution de la CPI — dont j'ai

---

1. La commissaire européenne aux affaires humanitaires, Emma Bonino, a rappelé qu'« il s'agit de faits dramatiquement réels en Algérie » et exigé « que les frontières nationales ne se transforment pas en instruments d'impunité », ajoutant : « Qui veut une paix durable — non une simple trêve dans l'attente de la revanche — se doit d'établir un minimum de justice ! Si l'on ne dépasse pas la culture de l'impunité, le désir de vengeance risque de prévaloir tôt ou tard sur le désir de paix » (*Actes de la conférence diplomatique de plénipotentiaires des Nations unies sur la création d'une cour criminelle internationale*, 15 juin-17 juillet 1998, p. 10).
2. Celle-ci n'interviendra qu'après que soixante États auront ratifié la convention ayant adopté le statut de la CPI (approuvée par 139 États). Début janvier 2001, vingt-sept États, dont l'Algérie, avaient procédé à cette ratification.

été un fervent partisan — et elle a d'ores et déjà permis de nombreuses actions pénales internationales contre les criminels, qu'illustrent l'action des tribunaux pénaux internationaux pour le Rwanda et la Yougoslavie, ou encore la « jurisprudence Pinochet » créée par l'obstination du juge espagnol Baltasar Garzón.

Dans cette perspective, le récit de Habib Souaïdia apporte un ensemble précieux de « notifications de crimes » (*notizie de reato*), avec des indications précises de noms, de lieux et de dates, qui peuvent servir de base à des actions pénales des victimes ou de leurs familles, y compris devant des tribunaux de pays européens. Dans sa conclusion, l'auteur indique d'ailleurs qu'il est prêt à « donner tous les détails des crimes — tortures, assassinats, disparitions... — dont [il a] été le témoin, toutes les preuves sur ceux qui les ont commis et sur ceux qui en ont été les victimes ».

On peut également envisager la mise en place rapide d'une commission d'enquête internationale, avec l'accord du gouvernement algérien. Les précédents ne manquent pas. Dans le cas du Pérou, en 1993, le Département d'État américain a souhaité conditionner l'octroi d'une aide financière à l'envoi sur place, avec l'accord du gouvernement péruvien, d'une commission de quatre experts indépendants chargée d'enquêter sur la situation des droits de l'homme en matière de lutte antiterroriste. J'en faisais partie, avec un Français, un Américain et un Argentin. Le rapport fut sévère, et nous avons établi de nombreux cas d'exactions et de violations des droits de l'homme. La conséquence en fut le gel des financements promis par différents pays au Pérou en vue du renforcement de ses institutions. Le temps a confirmé la validité de cette procédure : le peuple péruvien nous a donné raison en éloignant plus tard le président Alberto Fujimori, qui était un délinquant.

L'ONU ne semble pas actuellement en mesure de mener une telle procédure, pourtant urgente, pour l'Algérie, même si cela — souhaitons-le — peut changer. L'Union européenne, elle, peut agir : l'importance de ses relations économiques, commerciales et politiques avec l'État algérien lui en fait d'une certaine manière obligation. Elle peut — et elle doit, au vu des engagements internationaux qu'elle a souscrits au nom des peuples européens — conditionner ses aides à l'Algérie au respect des droits de l'homme dans la lutte antiterroriste. Il est ainsi très regrettable que l'attribution, en janvier 2001, d'une aide de 8 millions d'euros à Alger dans le cadre de la coopération internationale pour la lutte antiterroriste se soit faite presque à la sauvette, sans aucune condition de ce type.

D'autres occasions se présenteront : comme les États-Unis l'ont fait dans le cas du Pérou, l'Union européenne devra exiger du gouvernement algérien que son aide soit conditionnée à l'envoi sur place d'une commission internationale apolitique d'experts *super partes* qui fassent autorité, chargés d'établir les faits sur les violations des droits de l'homme et leurs auteurs, quels qu'ils soient. Il ne s'agira en aucune façon d'une « ingérence », mais d'un devoir de solidarité avec les victimes.

Rome, le 15 janvier 2001.

INTRODUCTION

Je m'appelle Habib Souaïdia. Je suis un ancien officier ayant appartenu aux troupes spéciales de l'armée algérienne. J'ai trente et un ans. Je suis né en 1969 dans la *wilaya* (département) de Tébessa, à environ 650 kilomètres à l'est d'Alger, près de la frontière tunisienne. Engagé volontaire, en 1989, dans les rangs de l'Armée nationale populaire (ANP), j'étais loin de penser que j'allais être un témoin très direct de la tragédie qui a frappé mon pays.

Ceux qui s'intéressent à la situation algérienne connaissent, même s'ils ne l'avouent pas toujours, l'ampleur des abominations commises contre le peuple, par les terroristes islamistes et par les forces de sécurité. Si les crimes des uns ont été largement médiatisés et, à juste titre, unanimement condamnés, ceux des autres (armée, police, gendarmerie, milices) ont été souvent minimisés. Hormis quelques intellectuels, responsables d'organisations non gouvernementales et autres journalistes, la communauté internationale est restée bien silencieuse devant ces horreurs.

J'ai vu des collègues brûler vif un enfant de quinze ans. J'ai vu des militaires massacrer des civils et faire passer ces crimes pour ceux des terroristes. J'ai vu des colonels assassiner, de sang-froid, de simples suspects. J'ai vu des officiers torturer, à mort, des islamistes. J'ai vu trop de choses. Je ne peux pas me taire. Ce sont là des raisons suffisantes pour briser le mur du silence.

Alors, pourquoi avoir attendu jusqu'à aujourd'hui pour témoigner ? Parce que je n'ai pas pu le faire avant : j'ai été injustement emprisonné pendant quatre années (1995-1999) et donc réduit, provisoirement, au silence. Dès 1993, je me suis dit qu'il faudrait que je parle un jour des coulisses de la « guerre civile ». C'est cette année-là que j'ai vraiment compris que celle-ci n'était pas un simple conflit entre les « gentils » militaires venus sauver la démocratie et les « méchants » terroristes islamistes décidés à la détruire. Si tel avait été le cas, je n'aurais jamais quitté mon pays et j'aurais combattu les terroristes jusqu'au dernier.

Aujourd'hui, je veux répondre à ces voix qui continuent de s'élever, en Algérie et ailleurs, pour blanchir le régime des généraux. Si j'ai décidé de témoigner avec ce livre, c'est surtout pour libérer ma conscience, car je ne veux en aucune manière me sentir complice de crimes contre l'humanité. Il y a eu, en effet, dès 1992, une politique d'éradication de l'opposition islamiste prônée par les généraux algériens avec la complicité de quelques « personnalités » politiques. Les uns et les autres répètent en coulisses qu'« on ne peut pas lutter contre l'islamisme avec la Déclaration des droits de l'homme à la main ». Cela résume parfaitement l'état d'esprit des vrais « décideurs » à Alger.

Pour autant, mon intention n'est absolument pas de dédouaner les terroristes islamistes de leurs crimes, ni de diaboliser l'ensemble de l'ANP. Je suis bien placé pour savoir que les islamistes armés ont commis des horreurs. Et aussi, à l'inverse, qu'il existe au sein de notre armée des soldats, sous-officiers et officiers possédant de grandes qualités morales et professionnelles. Malheureusement, cette catégorie de militaires est marginalisée et n'a presque aucun pouvoir de décision.

Je pense aussi que l'histoire de mon pays n'a pas besoin d'être, encore une fois, travestie. Faut-il rappeler que les malheurs actuels de l'Algérie trouvent, en grande partie, leur origine dans ce travestissement de l'histoire qui a eu lieu au lendemain de l'indépendance ? Aujourd'hui, il faut savoir regarder la vérité en face, il faut en finir avec les mensonges si l'on veut que la paix revienne enfin dans notre pays.

Ma conviction est qu'une armée censée être « nationale et populaire, garante de l'intégrité territoriale et de la pérennité des institutions de la République » n'a pas le droit de recourir au terrorisme pour combattre des terroristes. Aucune logique, aucune stratégie militaire ne peut justifier le fait qu'une armée puisse assassiner des milliers de citoyens sous le prétexte de l'« éradication du terrorisme ». Rien, absolument rien ne pourra justifier la mort inutile de dizaines de milliers de civils.

« Il faut terroriser les terroristes », tel est le slogan du pouvoir. Avec cette politique, les généraux n'ont pas fait que combattre ceux qui avaient pris les armes, ils ont réussi à terroriser des pans entiers de la société. Car leur véritable but, je le montrerai, n'est pas l'élimination du terrorisme — bien au contraire —, mais l'éradication de l'opposition islamiste dite « radicale » qui n'a pas accepté de se rallier à eux et qui menace leur pouvoir.

Pour beaucoup d'Algériens, comme pour les observateurs étrangers, la situation apparaît très confuse. En fait, cette confusion a été voulue et planifiée par les hauts galonnés. Depuis 1992, c'est une « guerre secrète » qui est menée par les généraux : faux maquis, intoxications en tout genre, manipulations et infiltrations des groupes armés islamistes. Ce rideau de fumée leur permet de mener impunément une guerre d'une incroyable sauvagerie. Ce qu'on ignore, c'est qu'ils s'appuient pour cela sur seulement quelques milliers d'hommes en armes : ceux des unités spéciales de la police et de la gendarmerie, et, surtout, sur ceux de la Sécurité militaire et des « forces spéciales » de l'armée, celles dont j'ai fait partie. C'est nous qui avons été chargés de faire le sale boulot, c'est nous que les généraux ont obligés à faire leur sale guerre...

Et tout cela, pour l'argent. Car il ne faut pas oublier que, depuis 1990, les différents clans du pouvoir n'ont pas cessé de se disputer l'argent du pétrole. Le climat d'insécurité a permis à la mafia politico-militaire de faire tranquillement main basse sur l'économie algérienne. Et il a permis surtout de contenir la colère sociale. Il est vrai que la « mutation économique » allait inéluctablement appauvrir des pans entiers de la société. Quoi de mieux qu'un déferlement de violence pour faire passer la pilule ? Le terme de « guerre contre les civils » est, à mon avis, le plus juste pour résumer le drame algérien. Seuls les pauvres en effet ont payé, et à tout point de vue. Les détenteurs du véritable pouvoir, leurs proches et leurs familles, n'ont, eux, jamais été inquiétés, ni par le terrorisme ni par la misère.

Quelques jours après mon arrivée en France, le 7 avril 2000, j'ai entamé des démarches pour obtenir un statut de réfugié politique. Il n'était plus question pour moi de retourner en Algérie. Dans le meilleur des cas, j'aurais été emprisonné. Et je ne suis pas prêt à donner cette satisfaction aux généraux. Après le premier article paru dans la presse faisant état de mon souhait de témoigner[1], des officiers du Département de renseignement et de sécurité (DRS), l'ex-Sécurité militaire (SM), ont effectué une descente à mon domicile familial de Tébessa. Ils ont interrogé ma vieille mère, mes frères, mes voisins et certains de mes amis. Même la ligne téléphonique de ma famille a été coupée, m'empêchant d'avoir des nouvelles des miens. Cette manière de procéder, habituelle, ne m'étonne guère. L'armée n'a-t-elle pas assassiné par milliers des proches de présumés terroristes ? N'a-t-elle pas accusé de tous les maux les militaires qui ont osé braver les instructions illégales des généraux ?

---

1. Jean-Pierre TUQUOI, « On était devenus des sauvages », *Le Monde*, 3 juin 2000.

C'est en juin 2000 que j'ai décidé d'écrire ce livre, au moment de la « visite d'État » de notre président, Abdelaziz Bouteflika, en France. Cette visite médiatique m'a révolté. La France officielle a trouvé dans quelques grands discours de Bouteflika un nouveau prétexte pour oublier les graves violations des droits de l'homme commises par le pouvoir algérien. Les intérêts politico-économiques, une fois de plus, ont pris le dessus sur le reste. Le « reste », c'est la mort violente d'au moins 150 000 personnes et la disparition de milliers d'autres. Sans parler de la torture et des exécutions sommaires. C'est de tout cela dont j'ai voulu témoigner ici.

1

Mes premiers pas sous l'uniforme

Je suis originaire de Tébessa, l'antique Théveste. Ma famille et mes aïeux y ont toujours vécu. C'est une région qui, jadis, vivait principalement d'agriculture. Le blé y était abondant et permettait à la population locale de joindre, tant bien que mal, les deux bouts. Mais au fil des années, les choses ont commencé à changer. La politique agricole suivie depuis 1972, appelée *thaoura zeraïya* (la révolution agraire), s'est révélée désastreuse. Cet échec a contraint les *fellahs* (paysans) à abandonner leurs terres pour se diriger vers les grandes villes, à la recherche d'un travail moins contraignant et plus rentable. L'exode rural anarchique a dépeuplé les champs, laissant l'agriculture agoniser. Aujourd'hui, Tébessa est devenu célèbre grâce au *trabendo* (contrebande) entre l'Algérie et la Tunisie, qui fait vivre, depuis vingt ans, des milliers de familles. À Tébessa, tout s'achète et tout se vend. Même les armes...

Pendant les années quatre-vingt, le chômage est devenu massif. L'armée, la police et la gendarmerie semblaient les seuls corps d'État susceptibles d'offrir un emploi stable à ceux qui, chaque année, arrivaient sur le marché du travail. C'est pourquoi des centaines de jeunes ont choisi l'uniforme. « Le *trabendo* ou la casquette », disait-on alors. En ce qui me concerne, mon choix était fait depuis longtemps, je voulais être militaire.

Ma vocation militaire

L'idée de faire carrière au sein de l'ANP m'est venue dès 1985. Je n'avais alors que seize ans. Adolescent, j'étais animé par un profond esprit patriotique. Avec la naïveté et l'idéalisme de mon âge, ma seule ambition était de servir mon pays. J'étais issu d'une famille modeste, mais je n'ai pas choisi de faire carrière dans l'armée pour l'argent. D'ailleurs, les salaires des militaires sont là pour prouver que nul ne peut s'enrichir sous l'uniforme, du moins si l'on reste dans la légalité.

Ma foi en l'Algérie et mes convictions de l'époque ont suffi pour faire de moi un soldat. J'avais un grand respect pour l'armée algérienne. Le programme scolaire et l'histoire officielle nous avaient appris que l'Armée nationale populaire (ANP), cette digne descendante de l'Armée de libération nationale (ALN), restait le principal pilier de l'Algérie. Je me rendrai compte par la suite que l'Algérie ne possède pas d'armée, car... c'est l'armée qui possède l'Algérie.

Les anciens maquisards issus de l'ALN, originaires pour la plupart de l'est du pays, ont longtemps exercé le contrôle de l'ANP grâce à leur « légitimité historique », avant d'être évincés par les fameux « déserteurs de l'armée française » comme les généraux Larbi Belkheir, Benabbes Ghezaïel, Mohamed Touati, Khaled Nezzar et Mohamed Lamari. Commandée des années durant par le « clan BTS », l'ANP a longtemps fonctionné selon des critères régionalistes, voire tribaux. Le sigle BTS désigne la région du triangle Batna-Tébessa-Souk-Ahras, trois villes de l'est du pays d'où sont originaires de nombreux militaires de haut rang. Les généraux Khaled Nezzar, Liamine Zéroual, Benabbes Ghezaïel, Tayeb Derradji, Abdelmalek Guenaïzia et bien d'autres sont issus de ce célèbre triangle.

Dieu seul connaît l'importance réelle de cette donne dans les rapports de forces au sein de l'ANP. Toujours est-il que les choses ont commencé à changer au cours des années quatre-vingt-dix, où un dosage plus subtil entre les différentes régions semble avoir été instauré pour éviter l'implosion de l'institution militaire. La Kabylie, le Grand Centre et l'Oranie sont aujourd'hui largement représentés dans les différentes structures de l'armée, surtout au Département de renseignement et de sécurité (DRS, ex-Sécurité militaire[1]) et à la gendarmerie. Le mythe BTS s'efface progressivement, même si les « anciens de l'armée des frontières » sont toujours là (en 1962, au moment de l'indépendance, les responsables de l'armée des frontières avaient confisqué le pouvoir à leur profit).

J'avais décidé, en 1985, de m'inscrire à l'École des cadets de Koléa, une petite ville de la Mitidja située à une cinquantaine de kilomètres à l'ouest de la capitale. L'École des cadets

---

1. Tous les Algériens savent que ce service est en réalité le véritable centre du pouvoir dans notre pays, depuis l'indépendance. Tous craignent les hommes de la « SM », présents partout, j'aurai l'occasion d'en reparler. C'est en 1990 que la SM a été rebaptisée DRS, mais, depuis, la plupart des gens continuent quand même à parler de « SM » ou des « services ». C'est pourquoi j'utiliserai indifféremment ces trois termes dans la suite de ce livre.

de la révolution a ainsi été baptisée, après l'indépendance, par l'ancien président Houari Boumediene. Durant la colonisation française, cet établissement scolaire était appelé « École des enfants de troupes ».

Dès 1962, l'École des cadets a accueilli principalement les enfants de *chouhadas* (les martyrs) tombés durant la guerre de libération (1954-1962), mais aussi les enfants des hauts responsables. Les officiers, les responsables du parti unique, le Front de libération nationale (FLN), et les affairistes au « bras long » y inscrivaient leurs enfants. Plusieurs parents « pistonnés » y ont aussi parfois placé les leurs pour contrôler une adolescence difficile ou garantir un avenir militaire à leurs fils.

En plus, à Koléa, ils pouvaient grâce au passe-droit leur assurer la réussite au baccalauréat pour les envoyer ensuite, avec une bourse d'État, étudier dans de grandes universités américaines ou françaises. Mais l'École des cadets a accueilli également des enfants issus des classes moyennes, et c'est ainsi que j'ai pu m'y inscrire. J'y ai passé, en interne, une année scolaire (1985-1986). L'enseignement était de qualité, même si le programme était le même que celui des autres établissements scolaires. Seule différence : la rigueur et la discipline. L'École fonctionnait selon un régime militaire : internat, rassemblement le matin, levée des couleurs, salut militaire, etc.

C'était donc la première fois que je portais l'uniforme. Néanmoins, ma joie a été de courte durée, puisque l'École des cadets a été fermée à la fin de l'année 1986 sur décision présidentielle. Le président Chadli Bendjedid (qui avait succédé en 1979 à Houari Boumediene) avait décidé, en effet, sa fermeture. Pourtant, d'excellents militaires y avaient fait leurs classes. Chadli s'en moquait, il voulait effacer les traces de son prédécesseur. Les élèves ont été renvoyés chez eux et ils ont dû s'inscrire dans des établissements civils. Pour moi, ce n'était que partie remise, puisque j'allais, dès l'obtention de mon baccalauréat en 1989, rejoindre à nouveau les rangs de l'armée.

L'ère du multipartisme

En mars 1989, cinq mois après les événements tragiques d'octobre 1988, le Front islamique du salut (FIS) était créé. Les émeutes d'octobre avaient profondément ébranlé le pays : cinq cents jeunes (171 selon le bilan officiel) étaient tombés, en une semaine, sous les balles de l'armée. Après le « ras-le-bol » d'octobre, chacun disait tout haut ce qu'il pensait tout bas auparavant. Tout était désormais permis. On pouvait même traiter le président Chadli Bendjedid de « vieille bourrique » sans être réprimandé par les agents de la SM, jadis si présents et si intolérants. L'heure était, disait-on, à l'ouverture démocratique, mais c'était plutôt l'anarchie et la déliquescence de l'État.

Des dizaines de partis politiques ont certes vu le jour, des journaux privés ont été créés et il y avait plus de libertés. En tant qu'Algérien, je ne pouvais que me réjouir de cette évolution, mais j'étais incapable d'imaginer, comme tous les jeunes de mon âge, le gouffre vers lequel se dirigeait le pays. Je n'étais proche d'aucun courant politique, et je m'interrogeais sur l'avenir de l'Algérie. Quel parti pouvait assurer la rupture avec les pratiques du passé ? Qui fallait-il croire ? Ces questions sont d'ailleurs pour moi toujours d'actualité aujourd'hui.

Adoptée le 23 février 1989, la nouvelle Constitution ne faisait plus référence au socialisme et ouvrait l'ère du multipartisme. Les différentes formations politiques allaient prendre part aux élections locales, annoncées pour juin 1990, et aux élections législatives prévues pour l'année suivante. Treize millions d'électeurs devaient se prononcer à deux reprises en l'espace d'une année. Des partis qui donnaient l'impression, pour la plupart, de surgir du néant n'avaient ainsi que quelques mois pour se préparer et mener la première bataille électorale ouverte de l'Algérie indépendante.

Dès le début, l'émergence du mouvement islamiste a créé des passions. Les citoyens, les jeunes en particulier, ne voulaient plus de la gestion du FLN et ils le faisaient savoir. Le discours du FIS n'a pas tardé à les séduire. La jeunesse des quartiers populaires et les exclus de la société étaient comme ensorcelés par les islamistes. Ce n'était pas mon cas mais, comme beaucoup de mes compatriotes, j'étais convaincu que le FIS allait rafler la mise au cours des prochaines élections.

Mais la politique n'était pas, à l'époque, ma première préoccupation. Je devais me concentrer sur mon bac. Étant à Tébessa, je ne me rendais pas vraiment compte, non plus, de l'ébullition de la société. Pourtant, les jeunes se « fanatisaient » de plus en plus, et le jean cédait souvent la place au *kamis* (longue robe portée par les islamistes). La mode n'était plus aux cheveux gominés mais aux barbes fournies, les jeunes préféraient fréquenter les mosquées plutôt que les stades de football. De nouvelles habitudes s'installaient sans que cela donne l'impression de gêner qui que ce soit. Surtout pas le pouvoir.

La citadelle de Cherchell

En juillet 1989, quelques jours après l'annonce officielle des résultats du bac, j'adressais une demande d'engagement au commandant de la prestigieuse académie interarmes de Cherchell. Deux semaines plus tard, je recevais une convocation me demandant de me présenter sur place, le 29 août, pour passer le concours d'entrée.

Pendant trois jours, nous devions prouver que nous avions les capacités physiques et intellectuelles pour suivre une formation militaire au sein de cette école. Quatre cent cinquante candidats ont passé les épreuves de mathématiques, de physique, de chimie, d'anglais et d'histoire, ainsi qu'une épreuve sportive. Deux cents d'entre nous ont été retenus. Après un test médical confirmant mes aptitudes physiques, j'ai été reçu à l'académie de Cherchell avec une moyenne de 12 sur 20.

En septembre 1989, j'ai signé mon contrat avec l'ANP. Je venais de m'engager pour une carrière de vingt-cinq ans et j'espérais bien devenir un jour général ! J'étais désormais un militaire, mon vœu de toujours venait d'être exaucé... Comme mes camarades, j'ai pris possession de mon paquetage (deux tenues, chaussures, chaussettes, sous-vêtements, ceinture, gants, casquette, etc.) avant d'être installé dans une chambre avec trois autres élèves-officiers. Je faisais partie désormais de la vingt-troisième promotion.

Mes premières semaines dans l'armée ont coïncidé avec de nouveaux changements politiques : Kasdi Merbah, qui avait été nommé Premier ministre au lendemain des émeutes d'octobre, était limogé et remplacé par Mouloud Hamrouche — appelé par les Algériens l'« homme au parapluie », allusion à ses années passées en tant que directeur du protocole à la présidence, où il lui arrivait de tenir le parapluie au président Boumediene. Ce changement a été longuement commenté à l'académie. La plupart des militaires avaient beaucoup de respect pour Kasdi Merbah qui, durant une quinzaine d'années, avait dirigé la puissante SM, la police politique, sous Boumediene. Il incarnait la force du régime et surtout sa stabilité. Des rumeurs disaient qu'il préparait un coup d'État pour renverser Chadli.

Je passerai trois années de ma vie comme élève-officier à Cherchell, ville côtière située à 90 kilomètres à l'ouest d'Alger. Cherchell est connue en Algérie pour ses ruines romaines, son port, ses plages, la qualité du poisson qui y est pêché et par... son académie militaire, datant de l'époque coloniale. Elle était alors appelée École des élèves-aspirants de Cherchell. Au lendemain de l'indépendance de l'Algérie, le colonel Houari Boumediene, chef des armées, fit tout pour la moderniser. Devenu président en 1965 après le coup d'État contre Ahmed Ben Bella, Boumediene fera de l'académie de Cherchell la plus importante du continent africain, avec l'aide des Soviétiques.

La quasi-totalité des officiers algériens formés au lendemain de l'indépendance est passée par Cherchell. L'académie est également appelée *kalaat el chadjaa oua el oussoud* (la citadelle de l'héroïsme et des lions). Fierté de l'ANP, cette « citadelle » a également formé de nombreux officiers africains et arabes. Burkinabés, Palestiniens, Libyens, Maliens, Nigériens et bien d'autres y ont suivi une formation militaire. On raconte que les militaires africains venaient à Cherchell pour y être formés et qu'en rentrant chez eux... ils réussissaient un coup d'État et devenaient président.

Quand je suis arrivé à Cherchell, en 1989, l'académie était commandée par le général Abdelmadjid Chérif, l'un des plus jeunes généraux algériens de l'époque. Les officiers supérieurs qui ont dirigé l'académie sont parmi les plus connus dans l'armée. Le général et futur président Liamine Zéroual l'a commandée en 1981 et 1982, mais aussi le général Tayeb Derradji, futur commandant de la gendarmerie nationale, qui a été à la tête de l'académie en 1986 et 1987.

Si les autres écoles militaires sont rattachées au commandement de la région militaire où elles sont situées, l'académie interarmes a été, dès l'indépendance, placée sous le commandement direct du ministère de la Défense nationale (MDN) et du chef suprême des armées, en l'occurrence le président de la République, pour autant naturellement que celui-ci soit originaire de l'ANP (Mohamed Boudiaf, Ali Kafi ou Abdelaziz Bouteflika, étant des présidents civils, ne pouvaient prétendre à une quelconque mainmise sur elle). C'est dire l'intérêt stratégique de l'académie aux yeux des généraux. Elle forme les officiers de l'ANP et peut se transformer, en cas de conflit, en une caserne opérationnelle. Elle possède d'ailleurs ses propres moyens de défense et son arsenal est impressionnant : elle dispose de chars, d'artillerie, d'un système de défense antiaérienne (DCA) et de radars qui lui confèrent, à la fois, puissance de feu et autonomie.

L'académie, véritable empire, s'étale sur plusieurs hectares. Elle a ses boulevards, ses rues et ses ruelles. Chaque artère est baptisée du nom d'un *chahid* ou d'une date historique ; la principale est la rue du 1ᵉʳ-Novembre, date du déclenchement de la guerre de libération en 1954.

L'école abrite entre six cents et huit cents élèves-officiers, ainsi que quatre cents militaires de tous rangs qui y travaillent à longueur d'année, mais aussi des civils sous contrat avec l'armée ; on appelle ces derniers le « personnel civil assimilé » (PCA). Plus d'un millier de personnes y vivent donc en permanence. Sur le plan administratif, trois directions la chapeautent : l'une est chargée de l'instruction militaire, une autre des études scientifiques et la dernière des sports. Chaque promotion est composée d'environ deux cents hommes. À l'issue de la formation, les élèves sortent avec le grade de sous-lieutenant et sont mutés vers les différents corps de l'armée de terre, vers la gendarmerie ou vers le DRS.

La vie des élèves-officiers

La vie de l'académie était rythmée selon une cadence bien particulière. Mi-caserne, mi-université, nos journées d'élèves-officiers étaient bien remplies. Réveil à 4 heures du matin, un « bol d'air » (jogging) de deux heures, suivi de la douche et du petit déjeuner, à 7 heures. 7 h 20 : rassemblement et levée des couleurs (le moment sacré de la journée). À 8 heures, nous devions rejoindre nos salles de cours. Les études théoriques se déroulaient dans des salles d'une trentaine d'élèves, soit une section. Chaque semaine, l'un de nous était « élève de section ». Responsable devant les officiers instructeurs, il devait répondre de tout problème concernant sa section : absence, maladie, indiscipline, etc. ; il représentait également la section auprès du commandement de l'académie.

Notre formation comportait un enseignement scientifique (maths, physique, chimie...), militaire (armement, topographie, génie de combat...) et sportif (arts martiaux, équitation, tir...). Chaque promotion suivait une année de tronc commun puis deux années de spécialité (cela a changé depuis : actuellement, les élèves-officiers suivent deux années de tronc commun et deux années de spécialité). Chaque spécialité avait un bloc de deux étages qui lui était réservé (en deuxième et troisième années, les élèves-officiers devaient choisir une des six spécialisations possibles : infanterie, blindés, artillerie, DCA, génie de combat, transports). Il y avait également d'autres blocs-dortoirs de deux étages pour chaque promotion. Pour aller d'un bloc à un autre, il fallait se déplacer en rang et en exécutant un « ordre de série » avec de solennels « une-deux, une-deux » ou en fredonnant des chants patriotiques.

Les études duraient jusqu'à 14 heures. Le déjeuner commençait un quart d'heure plus tard. Après le repas, nous avions quartier libre jusqu'à 16 heures. Puis nous devions rejoindre les salles de cours pour des révisions obligatoires. Le dîner était à 19 h 30 et marquait la fin de la journée. Le lendemain, rebelote...

Si les enseignements scientifiques et sportifs étaient classiques, l'enseignement militaire était spécifique. L'essentiel de l'armement algérien vient de l'URSS ou des ex-pays socialistes d'Europe de l'Est. Nous suivions donc des formations théoriques et pratiques sur l'armement russe. Nous nous intéressions aussi bien au fusil d'assaut Kalachnikov qu'aux missiles sol-sol Sam ou aux chars T72. Nous devions, toutefois, suivre une formation théorique sur les armes d'origine occidentale, américaines et françaises notamment. Les ennemis potentiels de l'Algérie ont toujours été les États-Unis et leurs alliés. Mais l'ennemi juré était — et reste — le voisin marocain. Ce dernier est doté d'un armement d'origine occidentale. L'armée algérienne a axé sa stratégie de défense pour faire face à une éventuelle guerre contre le Maroc. D'ailleurs, les unités qui forment la force de frappe de l'ANP, comme la 8ᵉ brigade blindée (basée à Sidi-Bel-Abbès, devenue 8ᵉ division blindée), les 42ᵉ et 48ᵉ brigades d'infanterie (basées entre Béchar et Tindouf) sont constamment en état d'alerte numéro 1.

Nous suivions aussi une formation pour connaître la tactique et la stratégie des autres armées, leur technologie militaire et nous nous intéressions aux points forts et aux points faibles des armes utilisées par nos adversaires potentiels, notamment les fusils M16, les hélicoptères de combat « Cobra » et « Apache », les blindés de type M113 ou encore les chars français de la série AMX. Les armes de destruction massive figuraient également parmi nos préoccupations : nous étudiions les méthodes de protection pour faire face à une éventuelle attaque bactériologique ou nucléaire.

Le but de l'académie est de former des officiers qui seront opérationnels dès la fin de leurs études. Chaque mois, nous faisions donc des exercices sur le mont de Sidi-Yahia, une zone militaire surplombant l'académie. Nous avions à notre disposition un matériel de tir électronique avec sons et bruitages qui créaient une atmosphère de bataille terrestre, nous plaçant psychologiquement dans des conditions réelles de guerre. Nous passions une semaine à creuser des tranchées et à nous entraîner aux embuscades. Ces manœuvres avaient des thèmes bien précis où nous étions partagés en deux groupes représentant les belligérants (les ennemis de l'Algérie étaient toujours des alliés des États-Unis) ; l'un et l'autre devaient mettre très vite en application une stratégie pour prendre le dessus sur l'« adversaire ». Au terme de mes études, j'allais retrouver, avec le terrorisme, des conditions de vie encore plus difficiles que celles auxquelles nous avions été préparés.

Côté distractions, nous n'avions pas d'autres choix que les activités culturelles ou sportives prévues à l'académie. Nous passions donc la majorité de notre temps libre entre le centre culturel, comportant salle de cinéma, bibliothèque et musée de l'armée, et le foyer, à jouer aux échecs ou à la belote. Il nous arrivait aussi de regarder la télévision, dans un terrible brouhaha, devant un café bien fort. Les week-ends, nous pouvions, de temps à autre, avoir un « spectacle », c'est-à-dire une permission d'une journée. Nous préférions, toutefois, faire le mur pour pouvoir sortir en civil. En permission, nous étions obligés de sortir en tenue militaire. Chose qui était, pour nous, impensable :

nous ne voulions pas exhiber cette belle tenue de sortie avec ses galons d'élève-officier.

À la cantine de l'académie, on nous gavait de bromure pour nous faire oublier nos frustrations sexuelles. La fréquentation des quelques maisons closes de Cherchell était strictement interdite. Rares étaient ceux qui s'y risquaient, seuls quelques soldats visitaient ces lieux sinistres. Nos permissions étaient donc consacrées, le plus souvent, aux copines ; du moins, pour ceux d'entre nous qui avaient la chance d'avoir une petite amie qui les attendait dehors.

Chaque fin de mois, la tradition était d'organiser une parade militaire à l'intérieur de l'académie ; le commandant de l'académie la supervisait et effectuait une inspection générale des élèves, des armes et du matériel. Nous mettions alors la tenue de parade, conçue spécialement à cet effet.

À l'académie, toutes les sensibilités politiques étaient représentées. Pro-islamistes, pro-berbéristes, ou encore ceux qui voulaient perpétuer l'ère du parti unique s'affrontaient dans des débats virulents. La tolérance et le respect de l'autre étaient rares dans ces discussions... Mais la majorité d'entre nous, dont j'étais, se fichait complètement de ces discussions, et ne s'intéressait pas du tout à la politique : nous ne nous sentions pas concernés car, pour nous, l'armée était là pour protéger le peuple et la nation, pas pour rétablir l'ordre ou intervenir dans les problèmes intérieurs.

Ma formation de tankiste

À la fin de la première année, on nous a demandé qui était volontaire pour entrer plus tard dans les « forces spéciales » : il s'agit des unités d'élite de l'armée, toutes composées de parachutistes, et qui se répartissaient en trois catégories, les para-commandos, les unités de reconnaissance et la police militaire (les « bérets rouges »). Dans ma promotion, nous avons été quarante-deux (sur deux cents), dont moi, à faire ce choix et à être acceptés dans cette filière après une série de tests. Nous savions qu'après nos deux années de spécialité à Cherchell, nous devrions faire ensuite une année supplémentaire de formation à l'École d'application des troupes spéciales (EATS) de Biskra, pour y suivre un entraînement de parachutiste.

Pour les deuxième et troisième années à Cherchell, j'avais choisi de me spécialiser dans les blindés. Les tankistes ont une excellente réputation : c'est un métier où il faut faire preuve de rapidité d'exécution, d'intuition et d'intelligence pour espérer rester en vie durant un conflit. Car peu de gens savent que la durée de vie d'un char de combat sur un champ de bataille dépasse rarement cinq minutes.

J'ai donc suivi une formation de deux années sur les chars russes, des T55, T62 et T72. Si les T55 et les T72 ont donné entière satisfaction à nos responsables, les T62 ont montré des faiblesses à divers niveaux ; d'ailleurs, l'Algérie a préféré les revendre à des pays africains. Le T72 est un char remarquablement performant : avec ses 40 tonnes, ses 870 chevaux, il peut atteindre les 80 km/h en combat et dispose d'une autonomie de 500 km. Piloté par trois hommes — un chef de char, généralement au grade de sergent-chef, un tireur et un pilote —, il est équipé d'un canon de 125 mm, de deux fusils-mitrailleurs appelés PKT, ainsi que d'une mitrailleuse antiaérienne appelée NSV. La conduite de tir du canon se fait par calculateur et télémètre laser. Il lui est presque impossible de rater sa cible.

Dans la tactique algérienne, un sous-lieutenant est chef de section et commande trois chars, contrairement aux armées occidentales où un officier de ce grade en commande quatre. L'armée algérienne possède un millier de chars. Un tiers sont des T72, mais la moitié est en panne depuis plusieurs années.

Abdelmadjid Chérif contre le « bélier »

L'année 1990 a été, pour nous, celle de tous les imprévus. Le général Abdelmadjid Chérif, commandant de l'académie, a été mis à la retraite et remplacé par le général Zoubir Guedaïdia. Abdelmadjid Chérif a quitté Cherchell avec beaucoup de regrets. Il n'avait pas eu le temps de mener à terme son programme de travail. Plus tard, j'apprendrai que Chadli Bendjedid, avec lequel il était en désaccord, l'avait poussé à « faire valoir ses droits à la retraite ». Il reviendra aux affaires après le coup d'État de 1992.

Très rigoureux, Abdelmadjid Chérif n'épargnait personne quand il s'agissait de discipline. L'image que je garde de lui est celle d'un militaire rigide, qui s'est distingué dans les rangs de l'armée grâce à ses compétences techniques. C'est lui, par exemple, qui avait conçu les manuels de l'« ordre de série », des défilés et du protocole militaire lors des cérémonies officielles. Sa conception de la discipline est toujours suivie, à ce jour, dans les formations militaires. Originaire de la Marine, il avait créé, en 1986, un corps d'élite en son sein : les 1er et 2e bataillons de fusiliers marins (BFM).

Son passage à la tête de l'académie, où il a instauré un nouveau rythme d'études, a été très remarqué. Pour lui, un officier devait faire preuve d'une grande technicité dans tous les domaines : maniement de toutes les armes, équitation, maîtrise de tous les sports de combat, conduite de tout type de véhicules, civils ou militaires, et j'en passe. Son remplaçant, le général Guedaïdia, avait un autre profil : un « chic type » qui ne ferait pas de mal à une mouche. On ne peut pas dire que son passage à l'académie a marqué les esprits. Cet officier supérieur qui, vraisemblablement, n'appartenait pas au clan des généraux affairistes était un homme très discret, qui se satisfaisait de faire son travail correctement.

Quand je serai en troisième année, j'apprendrai qu'Abdelmadjid Chérif s'était fermement opposé au plan de restructuration de l'armée engagé par la présidence et le faisait savoir, tout comme Liamine Zéroual, son beau-frère, et bien d'autres. Chadli et son entourage voyaient le complot partout. Sur les conseils du général Larbi Belkheir, alors chef de cabinet à la présidence, Chadli a procédé, dès 1987, à d'importantes restructurations au sein de l'armée pour prévenir les tentatives de coup d'État. Il a commencé, par exemple, à restructurer les services de renseignements et à dissoudre un certain nombre de brigades pour créer des divisions.

En effet, traditionnellement dans l'armée algérienne, les brigades, commandées par des colonels, se déplacent souvent, alors qu'une division, plus lourde et plus nombreuse, devrait être commandée par un général et basée dans une position fixe. En d'autres termes, il était difficile pour le pouvoir central de contrôler les déplacements des brigades, dont Chadli craignait que certains chefs tentent de le renverser (comme cela s'était produit à la fin des années soixante, quand le colonel Tahar Zbiri avait tenté de renverser Boumediene) ; alors qu'il lui serait plus facile de contrôler les divisions. Beaucoup d'officiers supérieurs étaient opposés à cette réforme, car ils savaient que les budgets militaires ne permettaient pas de constituer et d'entretenir de vraies divisions. Pourtant, grâce au soutien des généraux Nezzar et Belkheir, Chadli a imposé sa réforme, contraignant plusieurs généraux, dont Liamine Zéroual, à démissionner.

Pour beaucoup d'Algériens, Chadli Bendjedid est le président le plus médiocre que le pays ait connu. Une personnalité fragile, sans aucun charisme ; il est resté pourtant à la tête de l'État pendant treize ans. Son secret : il n'a montré, au cours de son règne, aucun appétit démesuré de pouvoir. Il s'est certes enrichi avec son entourage, mais en laissant une part de gâteau à l'ensemble des officiers supérieurs de l'armée et aux caciques du FLN. Durant son règne, tout le monde a « mangé »... sauf le peuple. Les citoyens l'avaient surnommé le « bélier ». Il est vrai que, politiquement, il avançait tête baissée. Les Algériens, les Algérois notamment, le détestaient. Il y avait de quoi : les grandes pénuries avaient atteint des proportions insupportables. À cette époque, des avions militaires décollaient régulièrement de Boufarik pour emmener les épouses et les employés des hauts responsables à Paris, Palma, Madrid ou Rome pour faire leurs emplettes. Des pratiques qui se poursuivent encore à ce jour...

1990 : la montée du FIS

Au mois de mai 1990, l'Algérie entrait dans une bataille électorale sans précédent. Le débat était virulent aussi bien dans la rue qu'au sein de la classe politique. Insultes et diffamations étaient choses courantes. Cela faisait désormais partie des mœurs politiques du pays.

Les élections locales devant se tenir le 12 juin suivant, chaque parti voulait séduire un électorat qui ne savait plus où donner de la tête. Les islamistes promettaient le paradis, les « démocrates » juraient de faire de l'Algérie le pays le plus moderne du continent africain et du monde arabe, et les nationalistes conservateurs parlaient de « redorer le blason » de l'Algérie. Le FFS d'Aït-Ahmed et le MDA d'Ahmed Ben Bella appelaient, eux, au boycott. Mais le FIS avait une longueur d'avance sur tout le monde : il avait su récupérer la « malvie » d'une jeunesse qui constitue 75 % de la population. Il était donné largement favori.

J'étais encore à Cherchell, et c'est par la télévision du réfectoire que nous avons pris connaissance des résultats de cette consultation populaire très attendue. L'annonce devait être faite par le ministre de l'Intérieur, Mohamed Mohammedi. Quand vint l'heure de l'intervention télévisée du ministre, nous avons tous compris ce qui venait de se produire avant même qu'il ne prononce sa première phrase : sa mine embarrassée résumait tout le désarroi du pouvoir. Le FIS venait de faire main basse sur la majorité des communes et des *wilayates* (les départements). C'en était fini du règne du parti unique. Le peuple en avait voulu ainsi, le vote sanction était sans appel.

Avec cette victoire, les militants du FIS sont devenus euphoriques. Très vite, l'inscription à connotation socialiste figurant au fronton des mairies — *el-thaura mina echaab oua ila echaab* (la révolution par le peuple et pour le peuple) — fut remplacée par une autre inscription : *baladiya islamiya* (commune islamique). L'été s'annonçait très chaud. Les islamistes juraient d'interdire les plages aux femmes, les maillots aux hommes et d'instaurer très vite la *charia* (loi islamique). De jeunes militants s'installaient, durant l'été, dans des camps de toile dressés dans la montagne pour y faire, soi-disant, du camping sauvage. Au menu, entraînement paramilitaire et sports de combat. Les responsables de l'armée le savaient, mais personne ne s'y opposait.

Dans les villes, les couples et les jeunes filles étaient accostés par des jeunes portant un brassard sur lequel était inscrit en arabe *chorta islamiya* (police islamique) : ils se permettaient de procéder à des contrôles d'identité, de sermonner les filles sans *hidjab* (voile islamique) et, parfois, de donner la bastonnade aux garçons qui leur résistaient. Là non plus, personne ne trouvait à redire. Les jeunes militaires que nous étions n'avaient plus aucun repère. On avait l'impression de vivre dans un pays atteint de dédoublement de la personnalité : dans les quartiers riches, les gens continuaient à vivre à l'occidentale, alors que, dans certains quartiers populaires, la vie quotidienne était régie par les militants islamistes.

2

« *La société est gangrenée* »

Après la victoire du FIS aux élections locales, une partie de la société donnait l'impression d'avoir la gueule de bois. On aurait dit que certains étaient sous hypnose. Les citoyens étaient contents de s'être débarrassés du parti unique, mais l'incertitude s'était installée. Il faut préciser que les islamistes, convaincus par le principe de la *dawla islamiya* (république islamique), n'étaient pas les seuls à avoir voté pour le FIS. Beaucoup d'électeurs racontaient qu'ils avaient ingurgité quelques bières au bar avant d'aller lui donner leur voix. Après une trentaine d'années de règne du parti unique, les Algériens voulaient que le FLN reçoive une raclée mémorable. C'était fait, et cela suffisait pour procurer une jouissance sans pareille à la majorité de la population. Mais ne dit-on pas que les lendemains de beuverie sont très difficiles ?

Pendant ce temps, le véritable pouvoir se confinait dans son mutisme habituel.

Une chose était sûre : les islamistes étaient décidés à aller au bout de leur logique. Pour beaucoup de citoyens — et de citoyennes surtout —, cela voulait dire restriction des libertés individuelles et collectives : les femmes ne devraient plus travailler, plus étudier et ne plus penser à leur émancipation. Les hommes devraient aussi changer leurs habitudes : plus de cigarettes, plus d'alcool, etc. Rien ne semblait pouvoir arrêter l'ascension du FIS.

On nous parlait des menaces proférées par Ali Benhadj, le numéro 2 du FIS, à l'encontre de l'armée. Celui qui était devenu l'idole d'une jeunesse désœuvrée tenait ses prêches dans les mosquées Ibn Badis de Kouba et Sunna de Bab-el-Oued, les deux principaux fiefs islamistes d'Alger. Benhadj y haranguait les foules sous le regard impuissant des forces de l'ordre. Il faut dire que les instructions de l'époque étaient « laissez faire ». On voulait vraisemblablement pousser les militants du FIS à surestimer leur force et à sous-estimer celle de l'armée. Les poussait-on à l'affrontement ? J'en suis aujourd'hui convaincu, au vu de ce qui s'est passé ensuite. Des rumeurs laissaient entendre déjà que des armes circulaient discrètement aux abords des mosquées.

« Tempête du désert »

Quand, en août 1990, Saddam Hussein a donné l'ordre à ses troupes d'envahir le Koweït, les Algériens ont oublié, pour quelque temps, leur quotidien. Les Occidentaux ont commencé à faire étalage de leurs forces, et les islamistes les plus radicaux ont voulu, à tout prix, mener le *djihad* (la guerre sainte) aux côtés de leurs « frères » irakiens. Ali Benhadj avait demandé aux militaires d'ouvrir des camps d'entraînement pour ses troupes qui tenaient à se rendre en Irak. Le haut commandement a naturellement refusé. Mais le numéro 2 du FIS avait été reçu, en tenue militaire, par Khaled Nezzar, alors ministre de la Défense nationale, qui, lui, avait préféré s'habiller en civil ! Cette affaire a fait beaucoup de bruit ; certains ont vu dans ce geste une abdication des militaires face aux islamistes. À l'académie, les commentaires allaient bon train...

Durant la guerre du Golfe, le commandement de l'académie a invité un ancien général égyptien, Saadeddine Chadli, le stratège de la guerre de 1973 entre Arabes et Israéliens, réfugié politique en Algérie depuis plusieurs années. Lors de sa conférence, le général nous a expliqué pourquoi les forces alliées allaient préférer des frappes aériennes à une confrontation terrestre. Selon lui, une opération terrestre des Américains et leurs alliés leur serait défavorable et donnerait l'avantage à l'armée irakienne. Saadeddine Chadli avait sans doute raison, puisque les frappes aériennes ont été fatales aux Irakiens. L'opération « Tempête du désert » terminée, nous allions revenir, en février 1991, à nos préoccupations. Il est vrai que nous avions suivi le conflit comme on suit, à la télévision, un feuilleton à rebondissements.

En mars 1991, à l'occasion d'une permission, j'ai décidé de faire un tour à Alger pour rendre visite à quelques amis. Quand je bénéficiais d'une petite « perm », je préférais la passer dans la capitale. Je n'allais à Tébessa que durant les permissions de huit jours ou plus, c'est-à-dire tous les trois mois en moyenne. Je savais qu'un séjour dans la capitale me permettrait de prendre la température.

Dawla islamiya

En arrivant à Alger, j'ai été frappé par l'accoutrement de certains militants islamistes. C'est une image que je garde, encore aujourd'hui, dans mon esprit : portant un pantalon de parachutiste (alors que la loi l'interdit), turban noir sur la tête, khôl autour des yeux et barbe très fournie teinte au henné, ils voulaient s'identifier aux *moudjahidines* (combattants) afghans. Ces gens avaient, c'était évident, une revanche à prendre. Mais en constatant la violence de leur discours contre le pouvoir, je me demandais s'ils n'étaient pas tout simplement les victimes d'un système qui les avait marginalisés. Les murs de la capitale étaient couverts de graffitis du FIS. Mais où étaient les représentants de l'État ? Où étaient passés les juges, les policiers et les gendarmes ?

Quelques semaines plus tard, le climat devenait encore plus lourd. Fin mai 1991, les dirigeants du FIS lançaient une grève insurrectionnelle pour appuyer la revendication d'une élection présidentielle anticipée et pour protester contre le découpage électoral décidé par le gouvernement de Mouloud Hamrouche, qu'ils estimaient injuste. Durant une dizaine de jours, plusieurs carrefours importants de la capitale ont été occupés par les militants du FIS réclamant la *dawla islamiya* (république islamique). Cela faisait vraiment peur.

Le pouvoir donnait l'impression de ne plus savoir quoi faire. En fait, nous comprendrons plus tard que, dès le début, les responsables militaires avaient poussé au pourrissement pour mieux réprimer. Les forces de sécurité ont dû attendre, en effet, la nuit du 2 au 3 juin pour recevoir l'ordre de déloger les islamistes qui squattaient les rues de la capitale. Des affrontements ont eu lieu et plusieurs militants du FIS ont été tués ou blessés par des militaires et des policiers.

Après ces jours d'affrontements, le Premier ministre Mouloud Hamrouche était « démissionné » par les généraux et remplacé par Sid Ahmed Ghozali, connu comme l'« homme au nœud papillon » ; et les élections législatives étaient reportées à la fin 1991. Le 25 juin, le gouvernement ordonnait d'enlever les formules « commune islamique » et « marché islamique » des frontons des mairies et des marchés communaux. Quelques jours plus tard, le 30 juin, Madani et Benhadj étaient arrêtés par les forces de sécurité — il faudrait d'ailleurs plutôt dire : kidnappés —, au motif qu'ils avaient menacé de proclamer le *djihad* en Algérie. Les deux leaders islamistes ont été ensuite condamnés par le tribunal militaire de Blida à douze ans de prison. De très nombreux militants islamistes (8 000, dira-t-on plus tard) ont également été arrêtés au cours de l'été 1991.

« Traître », « Mécréant ! »

Cette situation, on s'en doute, affectait aussi l'armée. À l'époque, dans toutes les casernes et les enceintes militaires, il y avait une mosquée ou un *moussala* (espace de prière). Les militaires qui voulaient accomplir leur devoir religieux pouvaient le faire le plus normalement du monde. La prière étant l'un des piliers de l'islam, elle était pratiquée par un grand nombre d'entre eux. À Cherchell, plusieurs élèves-officiers et officiers s'acquittaient de leurs prières quotidiennes. Mais la victoire du FIS n'est pas restée sans effet dans l'institution militaire, contrairement à ce qu'affirmait le discours officiel.

Certains élèves-officiers étaient sensibles aux thèses des islamistes et militaient discrètement pour l'instauration de la *dawla islamiya* ; d'autres montraient ouvertement leur hostilité aux « barbus ». Anti-islamistes et pro-islamistes en venaient parfois aux mains pour régler leurs divergences politiques : ils s'insultaient, se traitaient de « mécréants », de « traîtres » ou de « rétrogrades ». Mais la majorité, dont j'étais, restait en dehors de cette bataille stérile qui nous semblait pleine de dangers.

Au lendemain des élections locales de 1990, nous avions été nombreux à sentir que l'heure était grave. D'autant plus que, dans les mois qui ont suivi, nos supérieurs nous ont souvent mis en garde contre les dangers de l'islamisme. Le général Mohamed Bouchareb, directeur du commissariat politique au sein du MDN, se rendait régulièrement à l'académie pour y donner des conférences, sur le thème : « Il ne faut surtout pas laisser le pays tomber entre les mains des islamistes ! » Il nous répétait : « L'Algérie compte sur vous, vous êtes les piliers de la patrie, vous devez écrire vos noms sur les pages de l'Histoire ! »

« La société est gangrenée, il faut donc procéder à des amputations. » Tel était le message véhiculé, dès 1991, dans les casernes. Après l'arrestation des principaux dirigeants du FIS, les choses ne pouvaient qu'empirer. L'armée s'était lancée dans une campagne de recrutement sans précédent. Le type de conscription que des armées effectuent généralement à la veille de proclamer l'état de guerre. La durée du service militaire, qui devait être revue à la baisse, avait été, au contraire, rallongée dans plusieurs bataillons. On a même rappelé des jeunes qui n'ont pas eu le temps de savourer leur « quille ».

Mes camarades et moi-même ne comprenions plus grand-chose : on nous avait préparés, durant notre formation, à mener une guerre contre un agresseur étranger, et voilà qu'on nous demandait de combattre des Algériens. À cette époque, je le précise, les attentats terroristes n'avaient pas encore commencé. Le parti islamiste mettait certes en danger l'État algérien mais, rétrospectivement, je pense qu'il menaçait d'abord les privilèges de certains hauts responsables militaires et politiques. Ce n'est qu'au fil des années, au cours de la lutte antiterroriste, que je comprendrai que l'ANP n'avait pas pour unique préoccupation la protection du peuple ou de la nation. Et qu'elle était surtout un outil de répression entre les mains de quelques généraux, soucieux de leur propre avenir.

Dès le début de l'année 1991, nos supérieurs, qui voyaient sans doute les choses venir, ont décidé de nous mettre en contact avec le terrain, bien que notre formation ne fût pas encore terminée. On nous a ordonné de sortir pour faire des barrages routiers et procéder à des opérations de contrôle des automobilistes, mais aussi pour faire des ratissages ou protéger des immeubles publics. Nous sommes intervenus dans les environs de Cherchell, à Koléa, Tipaza, Gouraya, etc. Il nous est arrivé de rester en opération pendant deux ou trois mois d'affilée, ce qui nous obligeait ensuite à rattraper les cours. Au cours du mois de mai, on nous a placés en « état d'alerte numéro 2 ». L'atmosphère était lourde. L'armée était, encore une fois, en contact avec la population civile et jouait ce rôle de police qui n'était pas le sien.

L'affaire de Guemmar

Je pressentais l'explosion. L'attaque de la caserne de Guemmar, en novembre 1991, allait en être l'un des détonateurs. Guemmar est une minuscule palmeraie située près d'El-Oued, à 470 km au sud-est d'Alger, tout près de la frontière algéro-tunisienne. Ce jour-là, une vingtaine d'appelés (trois selon la version officielle) ont été assassinés et leurs corps atrocement mutilés. L'armurerie a été vidée par les assaillants, qui sont repartis avec un important lot de Kalachnikovs, de lance-roquettes et de grenades. Surpris dans leur sommeil, les soldats n'ont pas vu venir le commando. Selon ce qui s'est dit à l'époque, celui-ci était composé d'une soixantaine d'islamistes, dirigés par un certain Tayeb El-Afghani, de son vrai nom Aïssa Messaoudi, un vétéran de la guerre d'Afghanistan, militant actif du FIS et membre influent du Syndicat islamique du travail (SIT), une organisation satellite du parti islamiste. Ce dernier aurait été secondé par Amar Lazhar, un ancien militaire devenu maire de Guemmar, élu en 1990 sous la bannière du FIS.

Khaled Nezzar, le ministre de la Défense, s'est déplacé sur les lieux pour constater les dégâts. C'était la première fois qu'une caserne de l'armée était attaquée et ce premier acte terroriste a été largement médiatisé. Nezzar a donné l'ordre aux troupes spéciales de neutraliser le commando islamiste, et ce sont des éléments d'une promotion ayant précédé la mienne qui se sont chargés de le traquer, durant deux semaines. L'accrochage a eu lieu dans une palmeraie proche de Biskra, la ville natale d'Abassi Madani, et a duré plusieurs jours. Nous apprendrons qu'une vingtaine d'éléments armés appartenant à ce groupe ont été tués ; Amar

Lazhar aurait été capturé vivant avec une trentaine d'autres hommes. Tayeb El-Afghani aurait réussi, lui, à prendre la fuite avec sept de ses combattants. Ceux qui ont été appréhendés seront condamnés à mort et exécutés ; Tayeb El-Afghani et les autres fuyards seront condamnés à mort par contumace. Durant cette opération, les troupes spéciales auraient subi aussi des pertes importantes, presque égales à celles de l'adversaire.

Cette affaire nous a beaucoup étonnés, car, à l'époque, il n'y avait encore eu aucun acte terroriste, et on ne parlait pas du tout de groupes armés islamistes. Khaled Nezzar a ouvertement mis en cause le FIS, l'accusant d'être derrière cette affaire. Pour lui, le parti islamiste était coupable de subversion et d'atteinte à la sûreté de l'État. Il avait là une opportunité pour exiger la dissolution du FIS. Chadli s'y est opposé : pour le président, le processus démocratique devait se poursuivre. Un mois après cette affaire, le 26 décembre, devait se tenir le premier tour des élections législatives.

Et vint décembre...

Malgré la décapitation de leur mouvement, les islamistes du FIS étaient prêts à aller aux élections législatives. Emmené par Abdelkader Hachani, un jeune ingénieur en pétrochimie, le FIS s'était accommodé de l'absence des leaders historiques du parti, emprisonnés depuis le mois de juin. Hachani était décrit comme un modéré, partisan de la ligne « djazaariste » (algérianiste), qui avait pris la direction de l'« exécutif provisoire » du parti après les événements de l'été (alors que le courant « salafiste », dirigé par Ali Benhadj, était réputé plus radical et beaucoup plus sceptique sur la possibilité de conquérir le pouvoir par les élections, car il était convaincu que les généraux ne le permettraient pas ; et, de sa prison, il avait continué à encourager discrètement ses partisans à préparer la lutte armée).

Le 26 décembre, les Algériens allaient vivre l'un des plus importants tournants de leur histoire. Les islamistes contrôlaient scrupuleusement les bureaux de vote et incitaient les gens à voter pour eux. « Vous irez au paradis, votez pour le FIS », répétaient les jeunes militants dans les quartiers populaires. Le soir même, les résultats partiels donnaient le parti islamiste largement vainqueur. Les résultats officiels lui reconnaîtraient plus de 47 % des votes, loin devant le FLN et le FFS : le FIS était assuré de remporter la majorité absolue au Parlement au second tour. Mais tout le monde a relevé le taux d'abstention, qui dépassait les 40 %. On appellera désormais ces abstentionnistes la « majorité silencieuse ». J'en faisais partie.

Cette fois, c'en était fini. Certains officiers bien informés m'avaient appris que les généraux Khaled Nezzar, Abdelmalek Guenaïzia, Mohamed Médiène, Mohamed Lamari, Mohamed Touati, Abdelmadjid Taghrirt, Kheliha Rahim, Tayeb Derradji et Benabbes Ghezaïel avaient convoqué tous les chefs de région, les principaux responsables militaires, certains caciques du régime et étaient entrés en « conclave ». Nous avons compris alors qu'il n'était pas question, pour eux, que le FIS prenne le pouvoir.

Abdelmalek Benhabyles, le président du Conseil constitutionnel, avait refusé, m'avait-on dit, d'assurer le rôle de président intérimaire en cas de « démission » de Chadli, mais il avait proposé aux militaires les artifices juridiques qui leur permettraient de réaliser le coup d'État « légal ». Je crois que le haut commandement laissait filtrer certaines informations pour sonder les réactions des troupes. On parlait de plus en plus du départ de Chadli et on sentait le coup d'État sans savoir quelle forme il prendrait. Pendant une dizaine de jours, l'incertitude a été totale.

J'ai appris par la suite que les généraux Nezzar, Touati, Médiène, Lamari, Guenaïzia et Belkheir, accompagnés d'un civil, Ali Kafi, secrétaire général des anciens *moudjahidines* (anciens combattants), étaient partis voir Chadli pour exiger qu'il remette sa démission. Il paraît que le ton persuasif de Nezzar et les promesses d'impunité de Médiène ont fini par avoir raison de l'entêtement du président. Un dossier était entre les mains du patron des services. Il mettait en cause le fils du président, impliqué dans une importante affaire de détournement de fonds connue comme l'« affaire Mouhouche ».

Juste après le premier tour des élections législatives, près de deux cents officiers supérieurs avaient signé une pétition pour exiger le départ du président (c'est le général Nezzar qui leur avait demandé de la signer ; ceux qui ont refusé seront écartés plus tard). Chadli n'avait plus le choix. Il était encerclé de toute part. Il a compris que, s'il s'entêtait, il risquait d'être assassiné. Là, on lui proposait la vie sauve et l'impunité.

La « démission » du président Chadli Bendjedid, le 11 janvier 1992, n'a pas fait beaucoup de vagues. Chadli était devenu le personnage le plus impopulaire d'Algérie. Je crois que les généraux qui ont décidé le coup d'État savaient que son départ n'allait, en aucune manière, compliquer la situation plus qu'elle ne l'était déjà. Cela dit, les spéculations allaient bon train à l'académie. L'arrêt du processus électoral devenait, en effet, après la « démission » du président, une question d'heures. L'annonce officielle en a été faite le 12 janvier. Et, le 14, était annoncée la création du « Haut Comité d'État » (HCE), une présidence collégiale composée de cinq personnalités. À la tête de cette instance : Mohamed Boudiaf, l'un des chefs historiques du mouvement de libération nationale, passé à l'opposition et exilé au Maroc depuis 1963.

J'avais appris que Boudiaf avait d'abord refusé le poste qu'on lui proposait. Harcelé par son « ami » Ali Haroun, membre du HCE, il avait fini par accepter, non sans poser des conditions. Il voulait, avant tout, avoir les coudées franches. « Bien sûr », lui a-t-on certainement répondu.

Bien que notre formation ne fût pas terminée, nous étions déjà sur le terrain pour effectuer des barrages routiers (dès la première semaine de janvier, nous avions été placés en état d'alerte numéro 1). Il nous fallait être très vigilants et prêts à riposter à toute forme de provocation. Les civils, du moins ceux qui étaient satisfaits de la suspension du processus électoral, nous regardaient comme si nous étions leur sauveur. C'est ce que je croyais moi aussi à l'époque. Je pensais que l'ANP, à laquelle j'appartenais, allait sauver la République.

Durant ces événements, le nom d'un général commençait à circuler dans les casernes : Mohamed Lamari... Ce nom ne m'était pas étranger, puisqu'il y avait avec nous à l'académie de Cherchell un certain Mourad Lamari, qui n'était autre que le fils du général. Mohamed Lamari s'était distingué, disait-on, par son opposition farouche au président Chadli. Il était aussi, selon les informations qui circulaient, le protégé de Khaled Nezzar. Le général Lamari commandait à l'époque les forces terrestres et n'hésitait pas à appeler publiquement au renversement de Chadli Bendjedid. On disait même qu'il faisait du lobbying auprès des autres généraux afin qu'ils appuient sa position à l'égard du président. Mohamed Lamari était aussi connu pour ses positions anti-islamistes. J'ai toujours entendu dire qu'il haïssait profondément Abassi Madani, et encore plus Ali Benhadj.

L'autre nom qui commençait à circuler était celui du général « Tewfik », Mohamed Médiène de son vrai nom. Il était depuis la mi-1990 le patron des services de renseignements, le DRS, l'ex-Sécurité militaire. On le présentait à l'époque comme un homme très secret, rôdé aux pratiques de la sécurité militaire.

Si j'évoque les noms de ces deux généraux, très actifs dans le coup d'État contre Chadli, c'est parce que leur rôle a été essentiel tout au long des années quatre-vingt-dix. C'est à cette époque qu'une nouvelle vague de généraux a pris en main les destinées de l'armée et donc du pays.

3

La parenthèse Boudiaf

Il restait six mois d'instruction à la vingt-troisième promotion à laquelle j'appartenais quand Mohamed Boudiaf a été appelé pour assumer la présidence du HCE. Selon la rumeur publique, le nouveau président n'était mêlé à aucune magouille, à aucune affaire obscure. Il était un des chefs historiques du FLN et s'était très vite opposé au pouvoir après l'indépendance. Il vivait en exil et la majorité des Algériens ne l'avaient jamais vu. Boudiaf était certainement capable de redonner espoir à la population. Beaucoup, à l'académie, pensaient qu'il était l'homme de la situation. Mais ceux qui disaient qu'il était aussi la marionnette idéale pour les militaires n'avaient pas tort. Les généraux avaient là une aubaine pour se remettre derrière les rideaux.

Boudiaf s'était fixé deux objectifs : en finir avec les islamistes et rétablir la confiance entre le pouvoir et la population. Au fil des semaines, les gens avaient commencé à reprendre espoir, mais la « situation sécuritaire » ne s'arrangeait pas, bien au contraire. Les vendredis, jours de la grande prière hebdomadaire, il y avait un climat électrique dans toutes les grandes villes du pays, d'autant plus qu'il était désormais interdit de faire la prière à l'extérieur des mosquées, comme cela avait été le cas durant les trois années précédentes. Il était sans doute temps de mettre un terme à l'anarchie ambiante dans le pays, mais, pour les partisans du FIS, cette mesure a été perçue comme une énième provocation.

On craignait le pire à Alger et sa banlieue, mais aussi dans toutes les régions considérées comme des viviers islamistes. Quelques tirs de sommation retentissaient chaque vendredi, ici et là, pour dissuader les jeunes militants du FIS qui voulaient garder un contrôle sur les mosquées. Des jeunes islamistes, complètement excités, cherchaient régulièrement l'affrontement avec les militaires déployés dans les différents quartiers des grandes villes pour parer à tout débordement. Dans certaines régions, dès les premiers face-à-face, des coups de feu ont été tirés de part et d'autre : des personnes non identifiées tiraient sur les forces de l'ordre, comme cela avait été le cas durant les émeutes d'octobre 1988.

Les premières purges au sein de l'armée

Au cours des premières semaines qui ont suivi le coup d'État, de nombreux islamistes ont été tués à Laghouat, Sétif et Batna, après des affrontements avec les forces de l'ordre. Le 22 janvier, Abdelkader Hachani, président du bureau exécutif provisoire du FIS, était arrêté sur ordre du MDN pour « appel à la désobéissance » ; de même que d'autres responsables du FIS et tous les imams connus pour leurs prêches virulents. La base se retrouvait ainsi livrée à elle-même. Ceux qui étaient capables de contenir sa ferveur étaient tous emprisonnés ou étaient entrés dans la clandestinité. À partir de ce moment-là, tout devenait possible. Le pouvoir n'avait, en face de lui, aucun interlocuteur valable. En réalité, les généraux n'étaient pas prêts au dialogue, ils voulaient réprimer. D'ailleurs, dès le 4 mars, le FIS était dissous.

Le 9 février, l'état d'urgence était proclamé sur l'ensemble du territoire national pour une durée de douze mois : c'en était fini de la démocratie, mais je pensais aussi que cela permettrait le retour à l'ordre. Des camps de concentration étaient ouverts dans le sud du pays, notamment à Reggane, Oued Namous et Aïn-M'guel. Des milliers d'islamistes, ou présumés tels, y seront acheminés par avions militaires et par camions ; ils allaient s'entasser là-bas durant de longues années. À la Casbah d'Alger et dans les quartiers populaires, l'armée était désormais omniprésente : quadrillage de la ville, blindés et automitrailleuses garés aux carrefours stratégiques. Les soldats avaient reçu des instructions fermes : tirer sans hésitation à la moindre menace.

Pendant ce temps, de nombreux officiers étaient arrêtés : certains étaient proches des islamistes, mais bien d'autres n'avaient aucun rapport avec eux et leur seul tort était d'être des croyants pratiquants, voire d'être simplement opposés aux mesures récentes du pouvoir. Trois de nos instructeurs, les capitaines Chouchene, Mahdadi et Azizou, ont ainsi été arrêtés début 1992 par des hommes de la Direction centrale de la sécurité de l'armée (DCSA), une direction rattachée au DRS. Ils étaient très pieux et ne cachaient pas leur sympathie pour le courant islamiste. Après leur arrestation, le DRS a fait courir une rumeur selon laquelle le capitaine Chouchene préparait une attaque contre l'académie pour prendre des armes et rejoindre les maquis.

Mais je n'y croyais pas, car Chouchene et ses

amis avaient un comportement exemplaire : ils n'ont jamais fait preuve de violence verbale ou physique à l'égard de qui que ce soit. Au contraire, ils condamnaient toute forme de violence. Les trois capitaines étaient certes des adeptes de la *dawla islamiya*, mais ils étaient de ceux qui préconisaient un changement en douceur de la société et une prise de pouvoir pacifique : pour eux, l'armée n'avait pas à intervenir dans le jeu politique. Ils ne cachaient pas leurs convictions politiques et n'hésitaient pas à sensibiliser les jeunes officiers. Ils trouvaient qu'il y avait trop d'injustices en Algérie. Sur le fond, ils n'avaient pas tort, mais ce choix politique a fini par leur coûter leur carrière. Cela dit, ils ont eu de la chance par rapport à d'autres : je crois qu'ils ont eu la vie sauve, alors que, dans les années qui suivront, bien des officiers jugés opposants seront purement et simplement liquidés. J'y reviendrai plus loin.

La haute hiérarchie militaire craignait surtout des désertions en masse. D'autant plus que, dans les différentes régions militaires, des défections étaient signalées de temps en temps. L'affaire la plus importante dont j'ai eu alors connaissance avait eu lieu dès la fin 1991, quand dix-huit sous-officiers parachutistes des forces spéciales ont déserté de la caserne de Béni-Messous, près d'Alger. Non pas pour des raisons politiques, mais parce que... ils n'avaient pas touché leur solde depuis plusieurs mois ! Parmi eux, Abderrazak Kessah, Moulay Ali et Mohamed Louni — ce sont les trois noms dont je me souviens. Ils commettront plusieurs attentats et se spécialiseront dans les embuscades et les attentats à la bombe. Leur principale cible : les forces spéciales. La plupart d'entre eux s'installeront dans les maquis de Zbarbar, près de Lakhdaria (ex-Palestro), pour mener la guerre à leurs anciens collègues. Il faudra des années pour neutraliser tout le groupe.

Si, en 1991, l'Algérie avait vécu une année particulièrement explosive, l'année suivante allait tout simplement plonger le pays dans le chaos.

L'apparition des groupes armés

Pour une partie des militants du FIS, le pouvoir devait être conquis par les armes. Nous avons entendu dire, sans avoir de détails, que plusieurs groupes armés islamistes, comme le Mouvement islamiste armé (MIA) et le Mouvement de l'État islamique (MEI), s'étaient créés dans les semaines qui ont suivi l'arrêt du processus électoral. D'autres rumeurs évoquaient des groupes encore plus radicaux, qui existaient déjà depuis plusieurs années et qui étaient désormais passés à la lutte armée, comme *El hijra oua takfir* (Exil et expiation), formé principalement des anciens « Afghans », ou *Kataeb el Qods* (Les Brigades de Jérusalem), un mouvement pro-chiite et financé, disait-on, par les Iraniens et le *Hezbollah* libanais (le parti de Dieu). Ces groupes étaient autonomes par rapport au FIS, et on racontait déjà à l'époque qu'ils étaient infiltrés ou manipulés par la SM.

Dans les quartiers populaires d'Alger et dans quelques villes comme Blida, Chlef, Tiaret, les attentats, surtout contre des policiers, ont commencé. La presse en parlait peu. Le premier a eu lieu dans la nuit du 9 au 10 février 1992, quelques heures après l'entrée en vigueur de l'état d'urgence : plusieurs policiers sont tombés dans une embuscade dans le quartier de Bouzrina près de la Casbah à Alger et ont été massacrés. Quelques jours plus tard, la télévision annonçait que les coupables avaient été arrêtés, et qu'il s'agissait de sympathisants du FIS ; ils seront jugés par un tribunal militaire et condamnés à mort.

Dans la nuit du 12 au 13 février, un autre groupe attaquait le siège du commandement des forces navales (CFN) à Alger, au lieu-dit « L'Amirauté ». Quatre militaires étaient tués (un seul selon la version officielle), de même que trois des assaillants. Selon la presse, le groupe terroriste avait agi grâce à la complicité de trois militaires pro-islamistes, qui avaient décidé de rejoindre les groupes armés ; le groupe était dirigé par Moh Leveilley, un dangereux islamiste passé du banditisme au terrorisme. Apprenant cette attaque, j'ai été impressionné par l'audace des islamistes : cette opération d'éclat frappait au cœur de l'un des principaux centres opérationnels de l'armée algérienne, dirigé par le général Ghodbane Chabane, ami intime du général Zéroual.

Plusieurs années plus tard, j'apprendrai que cette affaire était en fait une provocation particulièrement tordue des services. En 1991, la Sécurité militaire soupçonnait des élèves-officiers et des officiers de l'École navale de guerre, basée à Alger, d'être des sympathisants du FIS, voire des membres actifs de réseaux islamistes. À la fin de l'année, un coup de filet avait été mené à l'École : quatre élèves et deux officiers avaient été arrêtés, transférés à Ben Aknoun et interrogés par des hommes du colonel Tartag (dont j'aurai l'occasion de reparler). Après un interrogatoire musclé de quinze jours, les suspects avaient été libérés et réintégrés dans l'École. Mais, quelques jours plus tard, les ex-suspects aidaient un groupe islamiste à pénétrer dans l'Amirauté, déjouant le plan de défense de cet endroit stratégique.

C'est un de mes compagnons de cellule, que j'ai connu à la prison de Blida en novembre 1995, qui m'a ouvert les yeux. Djnouhat était l'un des élèves-officiers arrêtés, puis libérés, avant l'attaque. Bien plus tard (il sera condamné à dix ans de prison pour appartenance à un groupe armé islamiste), il a compris que lui et ses camarades avaient été en fait manipulés : la SM les avait lâchés en sachant pertinemment qu'ils étaient d'authentiques militants islamistes et qu'ils allaient mener cette action. Djnouhat et d'autres officiers que j'ai connus en prison m'ont dit que cette opération avait été entièrement montée par le général Mohamed Lamari, et que ce dernier l'avait baptisée « Opération pastèque » (sans doute par allusion aux couleurs : vert islam en apparence, rouge armée en réalité)... Mais à l'époque, j'étais loin de me douter qu'il s'agissait d'un coup aussi vicieux.

Ce que je savais, c'est que l'action avait été menée par le groupe dirigé par Moh Leveilley, qui dépendait lui-même d'un certain Mansouri Meliani. Moh Leveilley a, durant de longs mois, attaqué les forces de sécurité, notamment les policiers. Lui et son groupe en tuaient, en moyenne, deux à trois par jour dans Alger et ses environs. Il sera finalement tué avec ses hommes par l'armée fin 1992, à Tamesguida, près de Médéa. Après Moh Leveilley, un autre nom de terroriste allait surgir du néant : Abdelhak Layada, dit Abou Adlane. Originaire d'un quartier populaire de Baraki, dans la banlieue algéroise, ce tôlier de profession avait constitué un groupe terroriste avec quelques délinquants. Il s'est spécialisé dans les assassinats de policiers et de gendarmes, et l'évocation de son nom était synonyme de terreur.

Tout au long de l'année 1992, ce sont principalement les unités professionnelles de l'armée qui ont été engagées pour assurer le maintien de l'ordre en dehors d'Alger, c'est-à-dire aussi bien la répression de la rébellion islamiste que les tâches de simple police. Malgré l'importance des forces engagées sur le terrain, cette méthode s'est révélée inefficace. Les barrages routiers et les patrouilles effectuées sur les grands axes ne servaient pas à grand-chose pour traquer les premiers groupes armés.

Soldats et jeunes officiers n'avaient aucune expérience de la lutte antiterroriste, à laquelle ils n'avaient pas été préparés. Mais c'était aussi le cas des officiers supérieurs qui, du coup, engageaient des opérations inutiles ou « bidon » : plusieurs fois, il m'est arrivé de recevoir l'ordre d'intervenir avec ma section à tel ou tel endroit contre des groupes armés et, arrivés sur place, il n'y avait personne. Il faut dire que, durant cette période, la fonction « renseignement » était très mal assurée : les unités opérationnelles ne recevaient aucune information du PCO de la 1re région militaire (le Poste de commandement opérationnel commandé par le général Smaïn Lamari, dont je reparlerai), ni de la police et de la gendarmerie, et ne pouvaient donc agir efficacement. Et les civils, majoritairement hostiles au déploiement des forces de sécurité, n'avaient aucune confiance dans l'armée et refusaient de donner le moindre renseignement (cela changera par la suite).

Sur le terrain, cela donnait une situation inexplicable. Des terroristes passaient près des casernes et personne ne réagissait. Il fallait attendre les ordres, qui n'arrivaient que le lendemain. Le laxisme des officiers supérieurs a, dès le début de la violence, mis l'armée sur la défensive. Elle n'agissait que lorsque les casernes ou ses infrastructures étaient attaquées. Même la gendarmerie nationale, alors commandée par le général Benabbes Ghezaïel, était dépassée par la situation.

En fait, au cours de ces premiers mois de 1992, l'essentiel de la répression n'était pas dirigé contre les groupes armés, mais contre les civils. Dans tout l'Algérois, où beaucoup de quartiers populaires étaient contrôlés par le FIS, les policiers et les services ont agi de façon impitoyable : des milliers de jeunes, qui étaient des militants ou des sympathisants du FIS, mais qui n'étaient pas dans la lutte armée, ont été arrêtés, torturés et envoyés dans les camps de concentration du Sud. Plus tard, je comprendrai que c'est à ce moment-là que s'est mise en marche la machine à fabriquer des terroristes. Ceux qui échappaient aux rafles n'avaient pas d'autre choix que de gagner les maquis. Et deux ou trois ans plus tard, ceux qui avaient été arrêtés ont été relâchés : ils avaient tellement la rage de ce qu'ils avaient subi que beaucoup d'entre eux ont pris les armes.

Le mystère Boumaarafi

Le 29 juin 1992, à 17 heures, un communiqué officiel annonçait la mort de Mohamed Boudiaf, assassiné par un sous-lieutenant du GIS (le Groupe d'intervention spéciale du DRS), Lambarek Boumaarafi. Celui-ci serait, selon la télévision algérienne, un « islamiste qui a agi seul ». À Cherchell, où nous terminions notre formation, nous avons reçu l'information comme un coup de poignard. Nous ne pouvions pas le croire : un militaire venait d'assassiner le président ! Pour nous, c'était toute l'armée qui était salie.

Le sous-lieutenant Lambarek Boumaarafi, dit Abdelhak, était, selon tous ses collègues, un homme renfermé et discret. Il était passé par l'École des cadets de Koléa avant de bénéficier d'une formation militaire qui avait fait de lui un élément d'élite. Il avait rejoint le GIS en 1989 et il était considéré par ses supérieurs comme très compétent (début 1992, il avait participé à une importante opération dans le quartier du Télémly, à Alger, où un groupe terroriste s'était retranché). Il est donc très difficile de croire qu'il s'agissait vraiment d'un islamiste : si tel avait été le cas, cela n'aurait pas échappé à ses supérieurs, d'autant plus que la chasse aux militaires proches des islamistes était bel et bien ouverte. Nous étions nombreux à penser que Boudiaf avait été assassiné sur ordre de certains généraux.

La protection rapprochée du président est normalement assurée par la direction de sécurité et de la protection présidentielle (DSPP), un autre service rattaché au DRS. Les éléments de la DSPP assurent également la protection du chef du gouvernement et de certains ministres importants. Les autres ministres sont protégés par les services de la DGSN.

Au départ, Lambarek Boumaarafi ne devait pas faire partie du cortège présidentiel lors du déplacement du chef de l'État dans l'est du pays. Selon ce que j'ai su plus tard, il avait été ajouté sur la liste à la dernière minute, sur ordre du général Smaïn Lamari (le numéro 2 du DRS). À Annaba, alors que Mohamed Boudiaf entamait son discours devant les jeunes et les notables de la ville, rassemblés à la Maison de la culture, Boumaarafi s'est placé derrière le rideau, à quelques pas du président. Et trois quarts d'heure plus tard, vers 11 h 30, alors que le président parlait des vertus de l'islam, le sous-lieutenant faisait exploser une grenade et tirait plusieurs rafales sur Mohamed Boudiaf. Touché par dix balles, il succombera dans l'après-midi... Boumaarafi a quitté la salle en courant pour se réfugier dans un appartement situé près de la Maison de la culture ; il se rendra peu après.

En principe, un élément du GIS n'avait absolument rien à faire à cet endroit : le dos du président doit être protégé, dans tous les cas, par un élément de la DSPP. La section du GIS avait fait le voyage pour assurer un soutien aux hommes chargés de la protection rapprochée. Ils devaient normalement se positionner à l'extérieur de la salle en deuxième cercle de protection. Curieusement, on nous a raconté que ce jour-là une anarchie totale caractérisait la sortie présidentielle : les supérieurs de Boumaarafi n'avaient rien trouvé à redire au sous-lieutenant qui, selon certains de ses anciens collègues, avait décidé de n'en faire qu'à sa tête.

Boudiaf devait se rendre à l'académie de Cherchell le 5 juillet pour présider la cérémonie de sortie de la vingt-troisième promotion, la nôtre. Ironie du sort, ce seront des éléments de cette promotion qui porteront le cercueil au cours des funérailles nationales du président. Autre ironie : notre promotion sera baptisée... « Mohamed Boudiaf ».

Le 2 juillet 1992, Ali Kafi était nommé à la tête de l'État pour succéder au président assassiné. Le 5 juillet 1992, Mohamed Lamari, Tayeb Derradji, Khelifa Rahim, Larbi Belkheir et Abdelhamid Djouadi étaient promus au grade de « général-major ». La presse occidentale appellera ces généraux (auxquels il faut ajouter Khaled Nezzar) les « janviéristes », allusion au coup d'État de janvier 1992.

Avec la mort de Boudiaf, la population qui s'était remise à croire connaissait une nouvelle désillusion. Le président avait osé s'attaquer au tabou de la mafia politico-militaire. L'homme possédait des dossiers. Le peuple exigeait des têtes depuis des années et Boudiaf allait lui en offrir. C'est, j'en suis convaincu comme beaucoup d'Algériens, ce qui a causé sa mort. Mohamed Boudiaf était en permanence en contact avec Kasdi Merbah qui, après avoir quitté les affaires, avait créé le Mouvement algérien pour la justice et la démocratie (MAJD). Il savait que ce dernier était le personnage le mieux informé d'Algérie. Les deux hommes seront assassinés à quatorze mois d'intervalle.

Quand la décision d'assassiner le président Boudiaf a-t-elle été prise ? Qui a donné l'ordre à Boumaarafi ? Ces questions resteront longtemps posées. Avant de quitter Cherchell, j'avais assisté, deux semaines avant l'assassinat, à une conférence du général Mohamed Bouchareb. Il était venu pour nous exhorter à « serrer les rangs quelles que soient les conditions ». Savait-il que Boudiaf était sur le point d'être liquidé ? Je ne saurais le dire.

Boudiaf était, de toute manière, entre le marteau et l'enclume. Il dérangeait aussi bien les islamistes, par son rejet total du compromis, que les « décideurs », par son discours sur la corruption et les détournements des biens de l'État par une caste de privilégiés. Sans oublier ses positions sur l'épineuse question des relations algéro-marocaines et sur l'affaire du Sahara occidental. Après six mois à la tête de l'État, Boudiaf disparaissait comme il était venu : brusquement. Son assassinat n'a pas ébranlé un système dont Boudiaf n'a jamais fait partie.

Il est en tout cas important de rappeler que le GIS, dont le sous-lieutenant Boumaarafi faisait partie, est une unité spéciale des services de renseignements. Il a été créé en 1987, à la suite de l'affaire Bouyali (au début des années quatre-vingt, Mustapha Bouyali avait créé un groupe armé islamiste ; il a été abattu en 1987 par une section de la gendarmerie nationale). À l'époque, la Sécurité militaire voulait se doter d'un corps d'élite spécialisé dans l'intervention rapide. Des officiers avaient été envoyés effectuer des stages en France, auprès du Groupe d'intervention de la gendarmerie nationale, le fameux GIGN. Au début, le GIS, constitué des meilleurs éléments de la Sécurité militaire, était basé à Bouzériha, à la caserne Bouzid, avant d'être transféré à Meftah, dans la grande banlieue d'Alger, en 1988, pour ensuite revenir à Béni-Messous en 1991. Dès le début de la lutte antiterroriste, des brigades d'intervention du GIS ont été installées près de certains points névralgiques du pays, à Boufarik, près de la base aérienne, à Alger, à Blida... En 1989, le GIS avait été modernisé par le général Mohamed Betchine, alors chef de la Sécurité militaire. Ce dernier a été remplacé, en 1990, par le général Mohamed Liamine Médiène, dit « Tewfik », qui aura à utiliser le GIS dans le cadre de la lutte antiterroriste.

Après l'assassinat de Mohamed Boudiaf, le GIS a été officiellement dissous. La plupart des éléments du GIS qui accompagnaient le président ont été mis en examen ; certains d'entre eux ont même été emprisonnés (puis libérés quelques mois plus tard) et plusieurs ont été mutés vers d'autres unités. Mais dès la fin 1992, le général Mohamed Lamari a demandé la reconstitution du GIS. Cette fois, il a eu recours aux forces spéciales de l'armée de terre : trois régiments de para-commandos, le 12e RPC, le 18e RAP et le 4e RAP, ont fourni chacun une section de trente-deux hommes. Plus tard, avec le développement de la lutte antiterroriste, le GIS a été considérablement renforcé, j'aurai l'occasion d'en reparler.

4

À l'école des paras de Biskra

Après Cherchell, je suis donc parti pour un stage d'une année à l'École d'application des troupes spéciales (EATS) de Biskra, pour suivre une formation de parachutiste. Sorti de Cherchell avec le grade de sous-lieutenant, j'avais choisi cette spécialité parce qu'elle ouvre les portes à des postes stratégiques. La plupart des généraux ont d'ailleurs orienté leurs enfants et leurs proches vers cette école, probablement histoire de se régénérer dans une vingtaine d'années. L'institution militaire n'a-t-elle pas été privatisée, à l'image de l'économie algérienne ?

J'attendais le jour du départ vers Biskra avec impatience. J'avais passé trois années à l'académie de Cherchell et je voulais changer, vivre d'autres expériences. Début juillet, des camions militaires nous ont emmenés de Cherchell vers la base aérienne de Boufarik pour embarquer vers nos casernes d'affectation. Une dizaine d'avions nous attendaient. Chacun de ces appareils représentait notre destin. Ils devaient s'envoler vers Béchar, Biskra, Tindouf ou Constantine, où une nouvelle vie allait commencer pour nous. Cette mutation était, pour moi, synonyme de séparation avec certains de mes meilleurs camarades de Cherchell.

Après un peu plus d'une heure de vol, l'Illyouchine russe se posait sur l'aérodrome de Biskra. Arrivés à l'EATS, nous avons immédiatement pris possession de notre nouveau paquetage. Nous étions quarante-deux issus de la vingt-troisième promotion. Nous voulions régler toutes les questions administratives au plus vite car, au bout, une permission nous attendait.

Après l'avoir passée à Tébessa auprès de ma famille, j'ai donc, à nouveau, rejoint l'école des paras dès la fin de juillet 1992. L'Algérie était à feu et à sang. On dénombrait, après six mois d'affrontements, des dizaines de morts dans les deux camps. Des milliers d'islamistes étaient en prison ou dans les camps d'internement du Sud. Les informations qui nous parvenaient à Biskra n'étaient pas brillantes : les attentats se multipliaient et, régulièrement, on apprenait la mort d'un collègue.

Le 26 août 1992, un attentat effroyable survenait à l'aéroport international d'Alger « Houari Boumediene » : l'explosion d'une bombe dans le hall des passagers faisait neuf morts et des dizaines de blessés. Des corps déchiquetés, ceux de femmes et d'enfants qui s'apprêtaient à embarquer. Les poseurs de bombe avaient alerté, par téléphone, les services de sécurité. Ces derniers ont fait évacuer leurs membres, mais sans se soucier de la sécurité des voyageurs. Les responsables de la DGSN ont ensuite tenté de se justifier en affirmant qu'ils n'avaient pas eu assez de temps pour les évacuer. Nous étions indignés par cet attentat attribué aux islamistes, mais nous discutions beaucoup entre nous et plusieurs, dont moi, étaient convaincus que c'était en fait un nouveau « coup tordu » de la SM. Le soupçon reviendra souvent par la suite, comme par exemple à propos de l'attentat à la bombe du 1er novembre 1994, dans le cimetière de Sidi-Ali (*wilaya* de Mostaganem), lors duquel sept jeunes scouts musulmans seront tués.

Comme beaucoup de mes camarades de promotion, je détestais les militaires du DRS. Pour nous, c'étaient des individus sans scrupule, n'hésitant pas à abuser de leur pouvoir pour arriver à leurs fins. Nous savions que, depuis toujours, la SM était préposée par les généraux à tous les « sales boulots », que ses hommes étaient, si l'on peut dire, des as de la manipulation en tout genre (coups tordus, infiltrations, etc.).

Premiers sauts

L'école des paras était commandée, à l'époque, par le colonel Boukhari, secondé par le commandant Tlemçani. Créée au début des années quatre-vingt, avec l'assistance d'experts soviétiques de l'Armée rouge, son premier commandant avait été Khaled Nezzar, et elle s'appelait à l'époque ETAP (École des troupes aéroportées) ; elle deviendra EATS lorsque Khaled Nezzar sera nommé ministre de la Défense, en 1990. Située à sept kilomètres du centre de Biskra, elle s'étale sur des dizaines d'hectares, près du village de Sidi-Okba ; elle est, comme toutes les écoles de parachutistes dans le monde, mitoyenne d'un aérodrome et d'une base d'hélicoptères.

Dès le mois de septembre, j'ai fait mes premiers sauts en parachute. Les sensations provoquées par ces sauts dans le vide m'ont poussé à faire le choix de devenir officier instructeur en parachutisme. Malgré les risques que cela pouvait représenter, mon choix était mûrement réfléchi.

Des parachutes qui ne veulent pas s'ouvrir, cela est arrivé. J'ai connu des cas où des familles de soldats ont reçu le corps de leur fils dans un cercueil scellé, sans aucune explication. « Accident de travail », disait-on, sans plus. Cette forme de mépris m'a souvent poussé à m'interroger sur ce que peut bien valoir aux yeux des généraux et des officiers supérieurs la vie d'un militaire. Les mesures de sécurité étaient quasi inexistantes. En quelques mois passés à l'école des paras, j'ai assisté à une dizaine d'accidents mortels. Les rares soldats qui ont eu la vie sauve après un accident sont restés paralysés à vie. Radiés de l'armée, ils ne recevaient, dans la plupart des cas, aucun dédommagement.

Pour les sauts, nous devions en principe recevoir une prime de 2 000 dinars par mois (moins de 200 francs français). Mais cette prime était rarement versée, car, comme nous l'apprendrons, le commandant de l'école, le colonel Boukhari, s'arrangeait pour détourner à son profit cet argent qui nous était destiné.

Il faut dire que les différences entre l'académie de Cherchell et l'école des paras étaient spectaculaires, à tout point de vue. Pas d'hygiène, pas de discipline, nourriture infecte, peu de moyens et une organisation catastrophique caractérisaient l'EATS censée pourtant former les corps d'élite de l'armée algérienne. Je crois que le colonel Boukhari a été le plus mauvais commandant que l'école ait pu avoir depuis sa création.

Mais j'ai aussi rencontré des officiers de grande valeur chez les paras : ce sont eux qui m'ont raconté ce qui se passait à l'EATS. Je ne cite pas leurs noms pour ne pas leur porter préjudice. Ils m'ont appris que le commandant de l'école et ses adjoints volaient les tenues paras, détournaient la nourriture destinée aux soldats et les matériaux de construction. À Cherchell, certaines rumeurs disaient que plusieurs groupes terroristes portaient des tenues de parachutistes et nous nous demandions d'où elles pouvaient venir. Je l'ai compris en arrivant à Biskra : les tenues étaient vendues à des civils, qui les revendaient à leur tour et ainsi de suite jusqu'à ce qu'elles atterrissent chez les terroristes.

Je garde aussi le souvenir du capitaine Boualeg, un homme de principe qui était la bête noire du colonel Boukhari. Un jour, ce dernier dînait au mess des officiers. Au menu : un steak saignant, des pommes sautées, bref ce qu'on appelait à Biskra un « repas spécial ». Nous, nous avions droit à une infecte soupe aux lentilles. Le capitaine Boualeg est entré et en le voyant attablé s'est dirigé vers le colonel en lui disant : « Tu n'as pas honte mon colonel ? Tu manges comme un roi alors que tes officiers et tes soldats mangent de la merde ! Va manger dans ton bureau ! » Boualeg a pris l'assiette du colonel et la lui a jetée au visage. Le colonel Boukhari s'est levé sans broncher et a quitté le mess...

Un autre jour, pendant le lever des couleurs, le capitaine Boualeg est arrivé en survêtement. Il a regardé le colonel Boukhari et a craché par terre. Arrivé à notre hauteur — nous étions un groupe de sous-lieutenants —, il s'est mis au garde-à-vous en nous lançant : « Bonjour les futurs chefs ! »

L'attitude du capitaine Boualeg lui a coûté dix-huit mois de prison pour insubordination. À sa libération, il a été radié de l'armée. C'est pour cela que je cite son nom. Les autres officiers de sa stature sont toujours en activité. Ce sont des gens qui combattent, à leur manière, la corruption et l'incompétence. Ils n'ont aucun respect pour la médiocrité et ils en ont fait voir de toutes les couleurs au colonel Boukhari. Dans l'armée, le chef doit mériter le respect. Sinon...

Un univers impitoyable

Les cinq mois que j'ai passés à Biskra m'ont paru être une éternité. J'ai dû apprendre très vite les habitudes et les coutumes de cet univers impitoyable. La plupart des instructeurs étaient médiocres. Il fallait se débrouiller pratiquement tout seul. Inutile de dire que le métier est risqué puisque tous les jours notre vie était mise en danger. Il fallait assimiler toutes les techniques du parachutisme (pliage des parachutes, simulations de saut, etc.) pour éviter un accident qui pourrait coûter très cher.

Après huit sauts, j'ai obtenu mon brevet de qualification. Nous sautions avec tout le matériel nécessaire — armes et matériels de transmission — pour une bataille ou une attaque aéroportée. Il nous arrivait aussi souvent de faire des marches commandos de 120 kilomètres, en général sous un soleil de plomb avec de surcroît une quarantaine de kilos dans le sac à dos. Nous apprenions aussi le maniement des armes blanches et les arts martiaux. On nous apprenait à égorger et à tuer à mains nues. Car les missions auxquelles les forces spéciales étaient préparées consistaient à intervenir, en cas de guerre, derrière les lignes ennemies pour des opérations de sabotage, d'information, etc.

À l'EATS, tout était compliqué. Au-delà des problèmes quotidiens, il fallait supporter la mentalité des paras, qui est très particulière. Beaucoup sont des gens violents et sanguinaires, qui se bagarrent entre eux pour un oui ou pour un non et ne pensent qu'à tuer. En fait, c'est une école qui ne forme pas des soldats, mais des machines à tuer. C'est un lieu qui enlève tout humanisme, qui détruit un homme.

À quelques centaines de mètres de l'EATS, il y a la base du 12e régiment de para-commandos (12e RPC), que j'appelle le « régiment des assassins ». À Biskra, j'ai appris que c'étaient des éléments du 12e RPC, alors commandé par le lieutenant-colonel Athamnia, qui avaient tiré sur les jeunes à Bab-el-Oued, lors des émeutes d'octobre 1988 (le 25e régiment de reconnaissance — mon futur régiment —, alors commandé par le lieutenant-colonel Nourredine Hambli, a également été impliqué dans cette tuerie). J'ai su aussi que ce régiment comportait plusieurs « snipers », des tireurs d'élite capables de tuer en tirant à 200 ou 300 mètres de distance : ils sont souvent intervenus quand des manifestations étaient réprimées, comme en mai 1991 et au cours des premiers mois de

1992. Les hommes du 12ᵉ RPC étaient de véritables sauvages, j'aurai l'occasion d'y revenir.

Chaque année, une dizaine d'officiers parachutistes étaient sélectionnés pour aller aux États-Unis afin d'effectuer un stage de deux ou trois ans chez les Rangers du Texas. Premières conditions : maîtriser l'anglais et avoir à son actif quatre-vingt-dix sauts, c'est-à-dire posséder un brevet d'instructeur. Il fallait ensuite pouvoir réaliser un excellent chrono dans un 200 mètres nage libre et passer un parcours du combattant avec succès en un temps record en tirant sur des cibles mobiles tout en traversant un champ de mines. La plupart des officiers qui y sont partis au cours de ces dernières années ont préféré déserter et rester aux États-Unis. Les officiers supérieurs interviennent souvent pour envoyer en stage un de leurs proches, même si celui-ci n'a pas les qualités requises.

Je n'ai pas pu passer une année entière à Biskra, comme cela était prévu. Le 28 décembre 1992, cinq mois après mon arrivée chez les paras, j'ai été muté à Alger, à la garnison de Béni-Messous plus précisément. La lutte antiterroriste avait bel et bien commencé et on avait besoin de jeunes officiers. On avait besoin en fait, je m'en rendrai compte quelques années plus tard, de chair à canon.

Mes dernières semaines à Biskra ont été mouvementées. Avec vingt-trois autres officiers, j'avais demandé depuis plusieurs semaines une permission de quelques jours. Le refus du colonel Boukhari avait été catégorique, bien qu'il sût que nous n'avions pas bénéficié d'une seule permission depuis celle qui avait suivi notre arrivée à l'école. Sans nous concerter au préalable, nous avons tous décidé d'ignorer l'interdiction et d'aller passer quelques jours auprès de nos familles. Je suis donc allé à Tébessa pour rendre visite à mes parents.

Une panique générale s'est alors emparée du commandement de l'EATS. Ils croyaient que nous avions rejoint les maquis. Au siège du MDN, la nouvelle était « officielle » : vingt-trois paras avaient « déserté ». Après quelques jours de repos, nous avons tous reçu la visite d'officiers de la gendarmerie nationale qui nous ont demandé de rejoindre notre caserne. Au retour, le sermon du colonel Boukhari et les quelques jours d'arrêt nous ont donné une grande satisfaction : nous avions réussi à flanquer une « sacrée trouille » à cet officier fayot et sans scrupule. Il a d'ailleurs été radié de l'armée par le général Nezzar à la suite de notre « affaire ». Mais il sera rappelé en 1997 et reprendra du service comme chef du secteur opérationnel de Sidi-Bel-Abbès. Malheureusement pour lui, il sera tué en 1998 dans une opération.

Guerre sans pitié aux islamistes

Le 26 septembre 1992, le général Mohamed Lamari était nommé chef des forces spéciales et adjoint du chef d'état-major Abdelmalek Guenaïzia, dans le but affiché de renforcer la lutte antiterroriste. Il avait montré sa ferme intention d'en finir avec les islamistes qui avaient osé défier l'institution militaire. Déjà en 1990, lorsqu'il était commandant des forces terrestres (CFT), on disait qu'il s'était distingué en affichant son opposition à la politique du président Chadli Bendjedid, qu'il critiquait ouvertement lors des « conclaves » réunissant les généraux.

Avec le terrorisme, les promotions sont devenues chose courante. Chaque clan voulait conforter ses positions. Mohamed Lamari, qui avait été écarté du centre de décision pendant les quelques mois du président Boudiaf (il avait été nommé au poste de conseiller au MDN, une voie de garage), était revenu aux avant-postes, par la grande porte. Il était donc décidé à mener une guerre sans pitié aux islamistes. Il était temps, me disais-je. Nous, les jeunes officiers, en avions assez de perdre des collègues sans pouvoir vraiment riposter pour mater les maquis. Au début, nous étions très satisfaits que le général Lamari prenne les choses en main : les terroristes allaient passer un mauvais quart d'heure. Je me disais naïvement que quelques mois allaient suffire pour mettre un terme au terrorisme.

Le général Lamari allait travailler en étroite collaboration avec les services du général Médiène, dit « Tewfik », le patron du DRS, l'ex-Sécurité militaire. Le premier devait superviser l'action sur le terrain, le second s'occuper des opérations d'infiltration, de la manipulation et des actions psychologiques et médiatiques.

Pour mener « sa » lutte contre le terrorisme, Mohamed Lamari a créé, en novembre 1992, le Centre de commandement de la lutte antisubversive (CCLAS). Un véritable corps d'armée spécialisé dans la lutte antiterroriste, placé sous son commandement direct, et dont il allait faire son joujou personnel.

Le CCLAS comportait cinq unités d'élite chargées d'aller au combat : le 25e régiment de reconnaissance (25e RR), commandé par le lieutenant-colonel Daoud ; le 18e régiment aéroporté (18e RAP, rebaptisé ensuite 18e RPC) de Hassi-Messaoud, commandé par le colonel Alaymia ; le 12ᵉ régiment de para-commandos (12ᵉ RPC) de Biskra, commandé par le colonel Athamnia ; le 4ᵉ RAP (devenu plus tard RPC) basé à Laghouat, qui allait être commandé par le commandant Tlemçani (jusqu'alors numéro 2 de l'EATS) ; et le 90ᵉ bataillon de police militaire (90ᵉ BPM), les « bérets rouges » commandés par le colonel Bendjenna.

Dès le début de 1993, ces cinq régiments seront redéployés dans l'Algérois. Des unités appartenant au DRS et plusieurs unités de logistique dépendaient également du CCLAS et assistaient les régiments des forces spéciales. Au total, le CCLAS comptait environ 6 500 hommes, dont 3 500 pour les seules forces spéciales.

Mohamed Lamari était assisté au CCLAS par le général-major Brahim Fodhil Chérif et le colonel Hamana, un tankiste de formation que le haut commandement avait fait revenir de sa retraite anticipée (il avait démissionné quelques années auparavant : lui aussi était en désaccord avec Chadli à qui il vouait une haine viscérale).

Le CCLAS était donc rattaché directement à Mohamed Lamari, et celui-ci avait par ailleurs sous ses ordres le DRS, la gendarmerie et les autres composantes de l'armée qui constituaient les troupes « normales » : le commandement des forces terrestres (CFT), dirigé par le général Gaïd Salah, contrôlant les différentes unités de l'armée de terre : infanterie, blindés, transmissions, transport, artillerie, etc.), le commandement des forces aériennes (CFA), le commandement de la défense aérienne (CFDAT) et le commandement des forces navales (CFN).

Tout le monde était prêt à mener la guerre, car c'était de cela qu'il s'agissait désormais. Il n'était plus seulement question de « rétablissement de l'ordre ». Le 30 septembre, un nouveau « décret législatif » fixait, dans le cadre de la lutte antiterroriste, à seize ans (au lieu de dix-huit) l'âge de la responsabilité pénale pour les crimes de terrorisme. Ce décret instaurait, par ailleurs, trois « cours spéciales » chargées de juger les délits et crimes de nature terroriste. C'est, semble-t-il, sur la base de ce décret que sera établi le délit de « relation avec une entreprise terroriste ou non-dénonciation d'une entreprise terroriste ».

Dans les années suivantes, cette disposition causera beaucoup de dégâts : elle sera utilisée pour poursuivre tout militaire ou civil ayant un lien quelconque avec un islamiste (lien de parenté, ami d'enfance, voisin...). Cette loi injuste servira à emprisonner des milliers d'innocents : à la prison militaire de Blida, de 1995 à 1999, je connaîtrai beaucoup de militaires (y compris des officiers supérieurs) et de cadres civils condamnés à ce titre à de lourdes peines, alors qu'ils n'avaient rien à voir avec le terrorisme. Mais cette loi servira aussi... à alimenter les groupes armés : de très nombreux jeunes, injustement menacés par la police ou la gendarmerie d'être inculpés de « non-dénonciation d'une entreprise terroriste », ce qui signifiait souvent la torture ou la mort, ont préféré rejoindre les maquis. J'en connaîtrai plusieurs qui deviendront ainsi de dangereux terroristes, faisant beaucoup de mal aux policiers et aux gendarmes.

Pour compléter le dispositif, le couvre-feu était instauré le 30 novembre suivant dans les *wilayas* d'Alger, de Bouira, Médéa, Tipaza, Blida, Boumerdès et Aïn-Defla.

Chasse aux sorcières

Tout au long de l'année 1992, le haut commandement craignait un soulèvement populaire de grande envergure, mais aussi une fracture au sein de l'armée. Au lendemain de l'interruption du processus électoral, plusieurs dangers menaçaient, en effet, l'institution militaire. Cette dernière s'était donné pour tâche principale la mise à l'écart du FIS, au risque de provoquer un éclatement des différents appareils de l'État. Il ne faut pas oublier, en effet, que plus de trois millions d'Algériens avaient voté pour le parti islamiste, près d'un quart du corps électoral.

Les généraux décidèrent alors de mener une double action. L'une sur le terrain en direction de la société et l'autre à l'intérieur même de l'institution. Il leur fallait neutraliser très vite tout risque d'implosion.

Les hauts responsables de l'armée avaient mené auprès des jeunes appelés une importante campagne de sensibilisation. Quant à nous, nos supérieurs nous soumettaient à un véritable bourrage de crâne. Les officiers du commissariat politique passaient dans toutes les casernes d'Algérie pour nous endoctriner. « L'heure est grave, il faut sauver la République du projet obscurantiste qui la guette, il faut exterminer les traîtres », c'est ce qu'on nous répétait en substance à longueur de journée.

Les mosquées, jusque-là tolérées dans les casernes, étaient désormais interdites. Faire ses prières était même devenu un « acte criminel », sauf pour certains officiers supérieurs ; mais ils devaient d'abord montrer patte blanche en affichant haut et fort leur anti-islamisme. Les *hadj* (ceux qui ont fait le pèlerinage à La Mecque) étaient d'ailleurs nombreux dans les rangs de l'ANP, c'était même à la mode — des *hadj*, je le précise tout de même, qui étaient souvent aussi des affairistes.

Surtout, l'armée a connu une purge importante en 1992. Les sympathisants du FIS au sein de l'ANP, mais aussi ceux qui n'étaient pas d'accord avec la nouvelle ligne du commandement militaire, ont été emprisonnés les uns après les autres. Les officiers de sécurité de l'armée, présents dans chaque enceinte militaire, veillaient au grain. Arrestations et liquidations physiques se sont succédé à un rythme infernal. Plusieurs militaires ont été poussés à la désertion même si, souvent, ils n'avaient aucune sympathie pour les islamistes. Les hommes de troupe (HDT), sous-officiers et officiers arrêtés à partir de 1992 ont connu des sorts divers : certains ont été tués, d'autres sont restés longtemps en prison, et souvent torturés. Les plus chanceux ont été radiés après avoir séjourné en prison.

Une véritable chasse aux sorcières a ainsi été ouverte. Rares sont ceux qui ont été épargnés. La méfiance s'est installée et a empoisonné l'atmosphère dans les casernes. Dans celles de la 1re région, on ne pouvait plus dire ce qu'on pensait, de peur de voir ses propos déformés et rapportés aux hommes de la DCSA ou encore aux officiers impitoyables du Centre principal militaire d'investigation (CPMI), commandé par le colonel Athmane Tartag, dit « Bachir », et à ceux du Centre militaire d'investigation (CMI) de Blida, commandé, lui, par le colonel Djebar. Le CPMI et les six CMI qui en dépendent (un dans chaque région militaire) sont des services du DRS, chargés notamment de l'opération de nettoyage dans les rangs de l'ANP. J'aurai l'occasion d'en reparler.

En décembre 1992, le commandant Tlemçani, commandant en second de l'EATS, m'a annoncé, ainsi qu'à cinq de mes camarades, que notre formation était interrompue et que nous allions être mutés vers des centres opérationnels, dans les troupes spéciales de Mohamed Lamari. Il nous a expliqué que le CCLAS, qui venait d'être créé, avait besoin de jeunes officiers. En fait, il nous avait choisis parce que nous avions une réputation de « mauvaises têtes » : c'est ce qui nous a valu de ne pas finir notre formation. Tlemçani en avait assez de nous voir : nous râlions tout le temps auprès de lui sur la mauvaise qualité de notre formation à Biskra, et nous protestions contre le fait que les actes d'indiscipline permanents des sous-officiers et des HDT n'étaient jamais sanctionnés.

Tlemçani était bien convaincu qu'il nous envoyait à la mort. À notre départ, il nous a dit textuellement : « Vous ne savez pas ce qui vous attend ! Je vous envoie dans des unités qui combattent des groupes armés et vous aurez du mal à rester en vie... » Il n'avait pas tort puisque, sur les six que nous étions, trois seront tués et un grièvement blessé (dans ma promotion, sur les quarante-deux qui avaient choisi les troupes spéciales, près d'une trentaine seront tués). D'ailleurs, quand j'ai revu le colonel Tlemçani deux ans plus tard, au cours d'une opération à Lakhdaria, il m'a reconnu et il m'a dit : « Tiens, tu es encore vivant, toi ? »

Après une permission de quelques jours, nous avons reçu notre ordre de mutation le 28 décembre : l'un d'entre nous était affecté au 90ᵉ BPM (Béni-Messous), un autre au 91ᵉ BPM (Blida) et les quatre autres, dont moi, devaient se rendre à Constantine, au commandement de la 5ᵉ région militaire. Mais pour une raison que j'ignore, cinq jours plus tard, notre affectation à Constantine était annulée et nous recevions un autre ordre de mutation : nous devions rejoindre la caserne de Béni-Messous pour faire partie du 25ᵉ régiment de reconnaissance du CCLAS. Un régiment commandé par le commandant Daoud, le successeur du lieutenant-colonel Nourredine Hambli. J'allais apprendre à connaître cet homme, expert dans l'art de donner la mort à ses concitoyens, impitoyable comme tous les chefs d'unités des forces spéciales.

5

Dans la guerre

Une nouvelle vie commençait pour moi en ce début d'année 1993, alors que l'Algérie était plongée dans la guerre. J'allais faire mon devoir : combattre le terrorisme. Le 2 janvier, je gagnais mon nouveau lieu d'affectation, à Béni-Messous près d'Alger. Un quartier fameux en raison des casernes du DRS qui y sont implantées. C'est pratiquement une zone militaire : les casernes s'y étendent sur plusieurs dizaines de kilomètres carrés.

Dans la caserne de Béni-Messous, trois unités sont stationnées, avec chacune leur entrée séparée : le 90ᵉ bataillon de police militaire (les « bérets rouges » des forces spéciales), la garnison d'Alger (dont le bureau des officiers du DRS chargés de recueillir les renseignements dans la ville d'Alger) et le 25ᵉ RR. Non loin de là, se trouve l'École des officiers de sécurité (qui forme les éléments du DRS) et aussi, à

Delly-Brahim, deux casernes du DRS, dont celle où le général « Tewfik » est basé. Quelques kilomètres plus loin, en allant vers Alger, à Chateauneuf, il y a le Poste de commandement opérationnel de la police (PCO) ; et à Ben Aknoun, juste à côté, sont basées l'École des officiers de police et deux autres unités du DRS dirigées par le colonel Tartag, chef du CPMI, le « Centre Antar » (situé à côté d'une cité universitaire de jeunes filles) et une autre située près du parc zoologique. À Bouzériha, se trouve une autre caserne du DRS. Enfin, à Chéraga, à 3 kilomètres de Béni-Messous, se trouve le commandement des forces aériennes, le siège de la gendarmerie nationale et la caserne du GIR 2 (Groupe d'intervention rapide de la gendarmerie). Au total, pas moins de quatorze casernes dans un rayon d'une dizaine de kilomètres ! J'aurai l'occasion de reparler de certains de ces lieux, qui sont devenus des centres de torture tristement réputés.

Je me retrouvais dans une unité décidée à en finir avec les islamistes. Nous étions pour la plupart très jeunes et sans réelle expérience sur le terrain. Je ne savais pas réellement à quoi il fallait s'attendre, mais j'étais décidé à affronter le danger. Après tout, je n'avais pas choisi l'armée pour rien. Le jour même de mon arrivée à Alger, un inspecteur de police avait été assassiné à Bab-el-Oued, deux autres policiers avaient été tués dans le quartier d'El-Biar et six autres à la place des Martyrs.

Les responsables militaires, relayés par la presse privée, annonçaient la fin imminente du terrorisme. Les journalistes parlaient du « dernier quart d'heure ». Je pensais qu'il y avait un peu d'exagération. Le rythme des attentats et l'ampleur de la violence ne présageaient pas d'un retour rapide à la paix.

Premiers contacts avec les « tangos »,
premiers faits étranges

J'avais vingt-quatre ans à l'époque, et j'étais prêt à combattre les terroristes. Mais j'ignorais encore que nous allions, au fil des années, nous comporter comme eux. Et devenir de véritables sauvages.

Pendant les premières semaines, je sortais pratiquement tous les jours avec des hommes de la section que je commandais. L'effectif réglementaire d'une section est de trente soldats, mais nous sortions en général à douze, et à dix-huit dans les cas exceptionnels. Il y avait avec moi trois sergents et huit caporaux, souvent plus expérimentés, avec lesquels je discutais souvent. Notre mission consistait à effectuer des patrouilles de jour comme de nuit, des barrages routiers et, de temps en temps, des perquisitions en compagnie d'officiers du DRS. Chaque fois, nous recevions des ordres de mission écrits, précisant l'objectif, le nombre d'hommes et les équipements (armements, véhicules, etc.) à utiliser[1] ; je donne cette indication, qui paraît banale, car cela changera par la suite, j'y reviendrai.

Je couvrais un secteur assez important, sur un rayon d'une trentaine de kilomètres, jusqu'à Boufarik au sud et jusqu'à Koléa à l'est. Pendant plusieurs semaines, je n'ai pas vu un seul terroriste. En réalité, j'étais pressé d'effectuer mon baptême du feu. Je voulais me retrouver face à eux. Ces gens qui voulaient terroriser tout un pays étaient finalement des hommes comme nous. Je me disais que nous étions certainement mieux entraînés et équipés qu'eux. En plus, c'étaient des hors-la-loi, alors que notre combat était juste. Il n'y avait pas de raison de se laisser gagner par la peur.

J'étais d'autant plus déterminé que, quelques semaines plus tôt, j'avais appris la mort d'un ami que je m'étais fait à Cherchell, le sous-lieu-

---

1. Voir les fac-similés reproduits en annexe.

tenant Rahal, qui faisait partie de la promotion avant la mienne. Fin décembre 1992, lors d'une mission avec son unité du 18e RPC, il avait encerclé à Boufarik un groupe composé d'une dizaine d'éléments armés. Inexpérimenté, il avait tenté de négocier avec les terroristes leur reddition. Il voulait les avoir vivants. Erreur fatale. Les « tangos » (terme que nous utilisions pour désigner les terroristes) lui ont fait croire qu'ils allaient se rendre, puis ils ont profité d'un moment d'inattention de l'officier pour créer une diversion et retourner la situation en leur faveur. Le sous-lieutenant Rahal a été tué avec sept de ses hommes, leur véhicule a été brûlé, mais le groupe n'a pas pu récupérer les armes. Un sous-officier qui a eu la vie sauve a résisté avec deux autres soldats, poussant le groupe armé à prendre la fuite. Rahal était l'un des nôtres et sa mort nous a tous profondément choqués.

Une dizaine de jours plus tard, en janvier 1993, un « groupe combiné » formé d'éléments du CMI et du 18e RPC, commandé par le colonel Hamana, lui-même secondé par le lieutenant Bouhalfaia et le sous-lieutenant Khaled, s'était rendu dans le quartier où le sous-lieutenant Rahal avait été tué. Ils avaient une liste de noms de jeunes sympathisants du FIS. Les arrestations et les perquisitions ont duré toute la nuit. Une dizaine de jeunes ont été raflés et emmenés à la caserne de Béni-Messous. Une semaine après, leurs familles les ont retrouvés morts : leurs cadavres étaient exposés autour du rond-point principal de Boufarik. Les journaux, comme à l'accoutumée, ont parlé d'une « attaque terroriste ».

Quand j'ai appris cette opération de représailles, j'ai été surpris : je me suis dit que les jeunes arrêtés étaient sûrement complices des terroristes qui avaient tué Rahal, mais je n'ai pas compris pourquoi le colonel Hamana les avait fait tuer.

L'ordre « Bravo 555 »

À l'époque, les unités du CCLAS n'étaient engagées que dans l'Algérois : il n'y avait pas de maquis — et très peu d'actions terroristes — dans les autres régions du pays, à l'est et à l'ouest (dans ces régions, ce n'est qu'à partir du printemps 1994, après l'évasion spectaculaire de la prison de Tazoult — dont je parlerai plus loin —, que sont apparus les premiers maquis islamistes). Au départ, notre objectif était de désengorger la capitale et ses environs. En effet, Alger était pratiquement encerclée par les groupes islamistes : plusieurs quartiers de la banlieue Est (comme Oued-Chayeh, La Montagne, Baraki, Gué de Constantine et les Eucalyptus) et de la Mitidja (comme Larba, Chebli et Sidi-Moussa) étaient selon les « tangos » des « zones libérées » ; de même, au sud et à l'ouest de la capitale, que les quartiers de Bab-el-Oued, Baïnem, Hattatba, Baba Hassen, Kheraissia et Draria.

Dans ces quartiers, les groupes imposaient la loi islamique : pas de paraboles, interdiction des cigarettes et des journaux, *hidjab* obligatoire pour les filles, auxquelles on interdisait aussi l'école ou le travail. Progressivement, certaines communes du Grand Alger se sont partiellement vidées de leurs habitants les plus riches, qui ont abandonné terres, villas et usines. D'autres, moins aisés, se sont également enfuis et se sont retrouvés à la rue. Dans ces communes, les bandes armées rackettaient les gens et ne quittaient jamais les quartiers qu'elles contrôlaient. Curieusement, nos unités les encerclaient, mais ne recevaient jamais l'ordre d'y entrer pour les déloger. Ainsi, les citoyens de ces communes devaient subir, à la fois, les mauvais traitements des forces de l'ordre quand ils allaient travailler et ceux des terroristes quand ils revenaient chez eux.

Nous trouvions cela bizarre. Mais ce n'était pas tout. Tout au long du premier trimestre 1993, nous avons été freinés dans notre travail par l'ordre « Bravo 555 », vraiment très étrange. Souvent, lors de nos patrouilles, surtout la nuit, nous recevions l'ordre suivant sur nos radios : « De Abdou à toutes les unités Bachir, Chafik, Dahmane, Tounsi et Farid : appliquez Bravo 555 jusqu'à nouvel ordre. » « Abdou » était l'indicatif de la « station centrale » du CCLAS, et les autres indicatifs[1] étaient ceux des régiments qui le composaient : le 4e RAP (« Bachir »), le 12e RPC (« Chafik »), le 18e RAP (« Dahmane »), le 25e RR (« Tounsi », mon régiment) et le 90e BPM (« Farid »). Nous savions que quand cette instruction arrivait, cela signifiait que nous devions arrêter ce que nous étions en train de faire et rester, quoi qu'il arrive, là où nous étions. Autrement dit : l'ordre « Bravo 555 » paralysait instantanément, dans tout l'Algérois, l'action de toutes les unités antiterroristes du CCLAS.

Nous étions nombreux, parmi les jeunes officiers, à ne pas comprendre cet ordre qui nous empêchait de remplir nos missions, et en particulier de protéger les populations civiles isolées ou de venir en aide aux collègues des autres

---

1. Voir le tableau reproduit en annexe.

forces de sécurité (police et gendarmerie) en difficulté. Personnellement, cela m'a donné l'impression que nous n'étions que des pions sur un échiquier et que nous n'avions en fait aucune liberté d'action pour mener efficacement la lutte contre les « tangos ». Une impression que je conserverai par la suite, même si, après mon changement d'affectation en mars 1993, je n'entendrai plus jamais l'ordre « Bravo 555 ».

Bien sûr, nous nous sommes tous demandé quelle pouvait être la raison de l'existence d'un tel ordre, aussi contradictoire avec tout ce que nous avions appris. Je n'ai pas la réponse, mais je pense que l'ordre « Bravo 555 » avait sans doute pour but d'empêcher que l'une des unités du CCLAS puisse interférer involontairement dans les opérations illégales du PCO, le Poste de commandement opérationnel (que nous appelions aussi « Police du crime organisé »).

Les hommes de main du général Smaïn Lamari

Le PCO était une unité spéciale regroupant des hommes issus de différents corps : gendarmerie, police et DRS (pour ce dernier, il s'agissait du GIS, de la Direction centrale de la sécurité de l'armée et de la sous-direction de la sûreté intérieure, dépendant de la Direction du contre-espionnage). Le PCO avait été créé dès le début de la lutte antisubversive, début 1992, et il était commandé par le général Smaïn Lamari, le numéro 2 du DRS. Il était basé à Chateauneuf, dans le centre d'intervention de la police, juste à côté de la faculté de droit de Ben Aknoun. L'objectif du PCO était de réunir le plus d'informations possible sur les groupes armés et de les détruire, avec la collaboration des troupes spéciales. (Il y avait un PCO dans chacune des six régions militaires, mais à l'époque c'était surtout celui de la 1re région, à Chateauneuf, qui était actif.)

Au cours des quelques opérations que j'ai eu l'occasion de mener avec les éléments du PCO, j'ai pu me rendre compte qu'ils n'épargnaient personne et ne reculaient devant rien pour arriver à leurs fins : militaires ou civils, les suspects arrêtés — ou plutôt kidnappés — étaient systématiquement torturés puis assassinés, même s'ils n'avaient aucune information à donner.

À Chateauneuf, en janvier 1993, j'ai rencontré un ami de lycée de Tébessa qui était policier au PCO. Il m'a raconté des choses terribles qui m'ont ouvert les yeux sur ce qu'était en réalité cette bande d'assassins. Le général Smaïn Lamari avait mis à leur disposition des voitures banalisées. La nuit, ils prenaient leurs armes et partaient à la chasse à l'argent avec ces voitures. Ils débarquaient chez des bijoutiers ou des commerçants aisés, soupçonnés d'avoir des liens avec les groupes armés, et ils exigeaient d'eux d'importantes sommes d'argent. Ceux qui cédaient au chantage étaient ensuite laissés tranquilles. Ceux qui refusaient étaient abattus sur place ou emmenés à Chateauneuf, où ils étaient torturés puis assassinés.

Mon ami m'a raconté qu'un collègue à lui, qui ne supportait plus ce qui se passait au PCO, avait dit à son chef qu'il voulait démissionner. Celui-ci lui a demandé de réfléchir et de rentrer quelque temps chez lui à Constantine. C'est là qu'il a été abattu par un officier du DRS : il en savait trop... J'ai revu plusieurs fois mon ami à Ben Aknoun dans les mois qui ont suivi nos retrouvailles. À la fin de 1993, il n'en pouvait plus : il m'a dit qu'il en avait assez de servir « ces salauds » (il parlait des généraux). Et comme il ne voulait pas finir comme son collègue, il a décidé de s'exiler. Il a obtenu un visa pour l'Italie, où il vit depuis lors.

Smaïn Lamari avait fait du PCO son jouet personnel, peut-être pour montrer à ses chefs qu'il était le meilleur. Les éléments du PCO étaient censés travailler avec nous, mais en fait ils agissaient le plus souvent sans nous en informer. Sauf quand ils étaient pris sous le feu de groupes armés : ils n'hésitaient pas alors à nous appeler par radio pour qu'on vienne les secourir.

Les PCO ont été officiellement dissous en 1995, mais ils ont en réalité continué à fonctionner jusqu'à aujourd'hui, uniquement avec des gendarmes et des militaires.

Des instructeurs nord-coréens pour la SM

Il est important de comprendre que ces pratiques barbares étaient encouragées et entretenues par la concurrence et les conflits entre les différents services du DRS. C'est en 1990, sous la présidence de Chadli Bendjedid, que la Sécurité militaire, qui est le vrai centre du pouvoir en Algérie, a été remplacée par le Département de renseignement et de sécurité (DRS, qu'on continue aussi souvent à appeler « SM »). Comme je l'ai déjà dit, le DRS est commandé par le général Mohamed Médiène, dit « Tewfik », et son bras droit, le général

Smaïn Lamari. Les différents services opérationnels du DRS, dirigés par des hommes de confiance de « Tewfik », sont les suivants :

— le Centre principal d'investigation militaire (CPMI), basé à Ben Aknoun, et commandé par le colonel « Bachir » Tartag, est spécialement chargé de la chasse aux « éléments suspects » dans l'armée ; de lui dépendent les six centres d'investigation militaire (CMI), un pour chaque région militaire (celui de Blida est commandé par le colonel Djebar) ;

— le Groupe d'intervention spéciale (GIS), rattaché à Smaïn Lamari, est commandé par le colonel Abdelkader Kamel ;

— le Bureau de recherche et d'investigation principal (BRIP), plus connu sous le nom de « Centre Antar », est également basé à Ben Aknoun, près du parc zoologique ; il est commandé par le colonel Farid, dit « Antar ».

« Tewfik » avait donné carte blanche à chacun de ces services. Il faisait jouer la concurrence entre leurs chefs et n'hésitait pas à les monter l'un contre l'autre pour avoir toujours plus de résultats. Dans cette guerre non déclarée entre services, tous les moyens étaient bons : chacun utilisait les pires procédés pour se faire bien voir de « Tewfik », arrêtant, torturant et assassinant des « suspects » par centaines, sans se préoccuper de savoir s'ils étaient ou non coupables. Au fil des années, les noms de Tartag, Antar, Djabar et bien d'autres deviendront synonymes de terreur. Tous ces colonels ont fini par avoir plus de sang sur les mains que tous les groupes terroristes réunis. Ils ont assassiné ou fait assassiner des centaines de militaires et des milliers de civils — ceux que l'on dit aujourd'hui « disparus ». D'ailleurs, pour moi, on pourrait aussi bien parler des « émirs » Tewfik, Tartag, Antar et Djabar : par leur sauvagerie, ils ne sont pas différents des émirs des groupes armés, comme Antar Zouabri ou d'autres...

Le GIS mérite une mention particulière. Comme je l'ai dit, celui-ci avait été reconstitué fin 1992. Plusieurs de ses hommes étant tombés dans la lutte antiterroriste, la direction du DRS a décidé, à partir de la fin 1993, de recruter des hommes de troupe (aux grades de caporal et supérieurs) spécialement formés pendant dix-huit mois dans une école militaire située à Meftah. Ces hommes suivaient également des stages de para-commandos à l'EATS de Biskra. Là, ils étaient pris en charge par des instructeurs nord-coréens (un colonel, trois commandants et trois autres officiers), que j'ai eu l'occasion de voir à Biskra lors de plusieurs visites que j'y ai faites en 1994. Ces Nord-Coréens apprenaient aux stagiaires du GIS (et aussi aux élèves para-commandos) un art martial coréen appelé Kuk Sool. L'efficacité de cette technique de combat était particulièrement impressionnante : je n'ai jamais vu un art martial aussi destructeur. Celui qui le maîtrisait pouvait facilement tuer à mains nues et sortir vainqueur de n'importe quel combat dans 90 % des cas.

À la fin de la formation des cent quatre-vingts parachutistes de la première promotion du nouveau GIS, les chefs de l'armée ont été tellement impressionnés par la puissance et la force de ces hommes qu'ils ont décidé de les prendre tous pour assurer leur protection rapprochée. Je sais que plus tard, en 1995, d'autres instructeurs nord-coréens viendront à Cherchell et dans d'autres écoles militaires.

J'ai connu de nombreux éléments du DRS qui étaient des tueurs sans scrupule et des voleurs. Mais ils n'étaient pas que cela...

« Kabous et carta »

Début 1993, au cours de nos patrouilles, j'ai été frappé par le nombre d'officiers et de sous-officiers du DRS qui traînaient autour des trois cités universitaires de jeunes filles situées dans la zone des casernes (l'une à Delly-Brahim, les deux autres à Ben Aknoun). Plusieurs fois, lors de patrouilles de nuit, j'ai arrêté certains de ces hommes qui circulaient après le couvre-feu alors qu'ils n'étaient pas en service. En fait, j'apprendrai qu'ils ramenaient des filles avec qui ils venaient de passer un bon moment dans l'un des bungalows réservés aux officiers du DRS à Sidi-Fredj et Moretti... Bien pire, j'ai su par des amis que de nombreuses étudiantes avaient été violées (certaines étaient tombées enceintes) ou contraintes de céder sous la menace aux avances de ces hommes.

En fait, les hommes de main de Smaïn Lamari faisaient d'une pierre deux coups : ils satisfaisaient leurs besoins sexuels à bon compte et ils utilisaient ces étudiantes comme agents d'information pour savoir ce qui se passait à l'université (j'apprendrai plus tard, en prison, que plusieurs de ces femmes étaient ensuite recrutées dans divers services de l'armée ou fonctionnaient comme agentes du DRS dans leur milieu professionnel, en particulier des journalistes). Beaucoup de ces filles recrutées par le DRS passaient à Ben Aknoun, au CPMI ou au Centre Antar. J'ai eu plusieurs fois l'occasion de voir qu'elles étaient traitées comme des putains, comme des animaux...

Il était évident que ces types de SM se moquaient complètement de leur devoir et n'avaient aucun respect pour l'institution militaire. Ils n'étaient motivés que par l'argent, le plaisir et le pouvoir. Ce sont eux qu'on appelle en Algérie « *Kabous et carta* » (pistolet automatique et carte professionnelle, les symboles de leur puissance).

J'ai pu voir de plus près le comportement de l'un d'eux lors d'une nuit de ramadan début 1993. Vers minuit, je passais avec mes hommes devant la cité universitaire de Delly-Brahim. Deux hommes m'ont fait signe : c'étaient des agents de sécurité de la cité, chargés d'empêcher les intrusions (toute présence masculine était rigoureusement interdite). Ils m'ont expliqué qu'un homme armé était entré de force, en criant « *Houkouma* » (c'est-à-dire « l'État »). Les deux agents m'ont conduit vers l'intrus — une fille effrayée était à ses côtés —, que j'ai braqué avec mon arme en lui demandant de ne pas bouger et de me remettre ses papiers. Il a tranquillement sorti une carte du DRS, prouvant qu'il appartenait à la garde rapprochée présidentielle. Il a prétendu qu'il était en service et, comme il ne voulait pas sortir, j'ai ordonné à mes hommes de l'appréhender de force et de l'amener au poste de police de notre caserne. J'ai interrogé la fille, qui m'a expliqué qu'elle était étudiante en deuxième année à l'université d'Alger et que cet homme lui proposait de travailler avec lui pour l'informer sur ce qui se passait à l'université et dans la cité ; il l'avait menacée de l'arrêter si elle refusait.

Le lendemain, à la caserne, j'ai constaté que l'individu avait été relâché... Deux jours plus tard, j'étais installé à la terrasse d'un salon de thé de Ben Aknoun quand j'ai vu arriver une Mazda 626 bleue, avec quatre hommes à l'intérieur. Ils sont descendus et sont venus vers moi. L'un d'eux était habillé d'un ensemble en jean et portait une barbe de trois jours : c'était mon homme de l'autre soir. Il était venu avec son chef et deux amis. Le chef s'est présenté comme un capitaine du DRS de la caserne de Delly-Brahim (située à 3,5 km de la cité universitaire) : il m'a dit de ne plus me mêler de ce qui ne me regardait pas et de ne jamais recommencer ce que j'avais fait. Je bouillais intérieurement et j'avais envie de sortir mon arme pour lui tirer une balle...

« Vive l'Algérie ! »

Les hommes du DRS n'étaient pas les seuls à se comporter de cette façon. Une nuit de janvier 1993, j'ai arrêté un homme ivre au volant de son véhicule pour violation du couvre-feu. Il était accompagné d'une jeune fille d'environ vingt-cinq ans. J'ai constaté qu'il s'agissait d'un lieutenant-colonel de la gendarmerie ! Je l'ai emmené de force au siège du GIR 2 (Groupe d'intervention rapide de la gendarmerie) à Chéraga, pour essayer de trouver une solution à cette situation délicate. Là, j'ai eu la chance de tomber sur un camarade de ma promotion, le sous-lieutenant Bengedah. Il m'a expliqué que cet homme était... son chef ! Et que presque toutes les nuits, bien qu'il soit marié, il se rendait avec d'autres officiers supérieurs au Club des Pins (résidence des hauts responsables du régime) pour y passer du bon temps avec des filles comme celle-là. En fait, il s'agissait de prostituées de luxe : elles étaient nombreuses à se livrer à ce commerce, qui leur permettait de profiter de superbes appartements à Hydra et ailleurs.

Quand j'ai entendu ces explications, j'ai dit

ironiquement à mon camarade : « Vive l'Algérie ! » Il m'a répondu : « C'est ça l'Algérie... » Puis il m'a raconté ce que faisait le GIR 2, une unité de 400 à 450 éléments. Ils opéraient dans toute la région, en particulier dans les lieux entourant les quartiers « sensibles » comme le Club des Pins ou Sidi-Ferruch (où résidaient les notables du pouvoir), pour y traquer les suspects islamiques qu'ils arrêtaient, avant de les torturer et de les exécuter.

J'ai su plus tard que l'autre GIR de la région d'Alger, le GIR 1 basé à Reghaïa, était encore pire. Ce sont les hommes de cette unité de la gendarmerie qui réprimeront sauvagement, en février 1995, la mutinerie de la prison de Serkadji, en plein centre d'Alger, faisant plusieurs dizaines de morts.

6

La « *Société nationale de formation des terroristes* »

Le 7 février 1993, les généraux avaient décidé de prolonger, pour une durée indéterminée, l'état d'urgence promulgué une année plus tôt. J'ai compris que cette guerre avait encore de mauvais jours devant elle. Le « dernier quart d'heure » du terrorisme allait être long, très long.

Le 13 février, le général Khaled Nezzar, alors ministre de la Défense, échappait à un attentat : un fourgon bourré de TNT explosait au passage de sa voiture blindée près du stade d'El-Biar à Alger. C'est cette voiture qui lui a sauvé la vie. Je n'ai pas compris comment les terroristes pouvaient connaître l'heure et l'itinéraire emprunté par le ministre de la Défense.

Peu après, nous avons appris une autre nouvelle incroyable : un commandant de la Marine était entré au mess des officiers supérieurs du commandement des forces terrestres, à Aïn-Naadja, et il avait laissé une valise bourrée d'explosifs qui aurait dû tous les tuer. Mais il a été arrêté avant qu'elle n'explose...

Quelques jours plus tard, nos supérieurs nous ont demandé de sortir très rapidement et de nous diriger vers Bab-el-Oued, où l'« émir » Abdelhak Layada avait été localisé dans un appartement. Nous sommes arrivés sur les lieux vers minuit et demi. L'endroit était encerclé par les hommes du PCO. Avec les services de la police nationale qui connaissaient parfaitement le quartier, nous avons encerclé l'immeuble. Malheureusement, je ne sais par quel miracle, ce dangereux terroriste a réussi, une fois de plus, à nous filer entre les doigts. Layada circulait dans une Peugeot 405 de couleur rouge. Ce véhicule nous avait été signalé en début de soirée. Il était garé dans l'une des ruelles de Bab-el-Oued. Nous avions pourtant encerclé tout le quartier, perquisitionné maison par maison et fouillé tous les coins et recoins. Connaissant parfaitement le quartier, Layada avait réussi à s'enfuir par les toits avant de s'engouffrer dans le labyrinthe de la Casbah toute proche. Agacés, nous avons procédé à plusieurs arrestations à Bab-el-Oued, où il y avait de nombreux *chouffs*, ces jeunes *hittistes* qui informent les groupes armés. Ils ont été embarqués par le PCO.

Des militaires égorgeurs

C'est un soir de mars 1993 que j'allais, pour la première fois, être confronté directement à la « sale guerre ». Alors que j'avais terminé mon service et que je me préparais à une nuit de sommeil bien méritée, le commandant Daoud m'a appelé par radio, me demandant de le rejoindre à son bureau très rapidement.

« Qu'est-ce qu'il y a encore ? » me suis-je dit. Je me suis rhabillé et je suis allé au bureau de mon chef. Il était en compagnie du général Fodhil Chérif, le commandant adjoint du CCLAS, et du colonel Djebar, que je connaissais de réputation — il était (il l'est toujours à ce jour) directeur du centre militaire d'investigation (CMI) de Blida, dépendant du DRS. Mon supérieur direct m'a dit que je devais effectuer une mission avec ma section dès 22 h 30 : nous devions escorter un camion. Une vingtaine de sous-officiers des para-commandos avaient pris place à l'arrière de ce camion de type K66 bleu recouvert d'une bâche verte. C'étaient des hommes de notre unité, le 25ᵉ RR, commandés par le lieutenant Chouaïbia, accompagnés d'hommes du DRS que je ne connaissais pas. Certains étaient habillés en civil, d'autres en tenue de parachutiste, munis de poignards et de grenades : ce commando qui ressemblait à un groupe terroriste avait, vraisemblablement, une mission « très spéciale ».

Avec seize éléments de ma section, répartis dans quatre Jeeps Willis, nous avons donc escorté le groupe jusqu'à un carrefour près de Oued-el-Alleug. Mes instructions étaient d'attendre les collègues au niveau de ce carrefour. Nous avons stationné à 1,5 km de là et le camion, lui, s'est dirigé à 23 h 30 vers un village appelé Douar Ez-Zaatria, dont les habitants — je l'apprendrai plus tard par le DRS — étaient des sympathisants du FIS ; les terroristes, nous dira-t-on, s'approvisionnaient régulièrement chez eux.

Vers minuit trente, un appel radio : « Tounsi à Tounsi 13, rejoignez le point indiqué. » Mon indicatif était, en effet, Tounsi 13. J'avais reçu l'ordre de récupérer « mon camion » au carrefour. Sur le trajet du retour, il y avait un barrage de la garde républicaine. Mes chefs m'avaient donné comme instruction qu'aucune autorité ne devait contrôler le camion. Arrivé à hauteur du barrage, j'ai fait signe à l'officier de la garde républicaine de le laisser passer ; nous avons échangé un salut militaire, et le camion est passé comme une lettre à la poste. À 1 h 30 du matin, nous étions de retour au PC. Descendu du camion, un sous-officier, habituellement sous mes ordres, m'a fait signe avec son poignard taché de sang, qu'il a fait passer sur son cou. Il ne m'en fallait pas plus pour comprendre. Le surlendemain, les journaux algériens annonçaient : « Une attaque terroriste sur le village de Zaatria a fait une douzaine de morts. » Je venais de participer à un massacre C'était la première fois que je me sentais complice d'un crime.

« Exterminez-les tous ! »

Quelques jours plus tard, toujours en mars 1993, alors que j'étais en patrouille aux alentours de Douira, près de Blida, j'ai entendu vers 23 heures un appel de détresse lancé par des collègues. « Samir 1 à toutes les unités, nous sommes tombés dans une embuscade ! » répétait l'officier d'un ton saccadé. L'indicatif « Samir » était celui de l'unité du GIS basée à Boufarik et « Samir 1 » était celui du capitaine Yacine. J'ai compris qu'une section du GIS était en difficulté. J'étais à environ huit kilomètres, et je pouvais arriver sur les lieux avec mes hommes en quelques minutes. J'ai donc demandé à mes supérieurs l'autorisation d'aller prêter main-forte aux collègues.

« Tounsi 13 à Tounsi, je demande autorisation d'intervenir pour aider Samir 1. Je suis à quelques kilomètres de sa position ! » La même demande avait été formulée par radio par d'autres patrouilles dont la position permettait aussi de se rendre rapidement sur les lieux de l'embuscade. Soudain, une voix dans la radio, qui s'annonçait avec l'indicatif « Faouzi ». J'ai regardé sur ma fiche : c'était l'indicatif du commandant du CCLAS, c'est-à-dire le général Mohamed Lamari lui-même ! Comme la plupart des autres officiers généraux, il nous parlait en français (nous leur répondions en français ou en arabe ; entre nous, nous parlions arabe). « J'ordonne à toutes les sections de garder leurs positions. Je répète : interdiction de se déplacer, toutes les sections en patrouille doivent garder leurs positions. Attendez les prochaines instructions. » C'était clair, le grand chef nous ordonnait de laisser nos collègues se faire massacrer.

« Merde ! » ai-je lancé. Mes hommes me regardaient, médusés. Personne ne comprenait pourquoi le général Lamari nous ordonnait de ne pas intervenir. Les collègues du GIS, eux, répétaient leur appel : « On a besoin d'aide, on ne comprend pas ce qui se passe. On ne voit rien, il fait noir, on tire sur nous de toutes parts, on ne sait même pas vers où riposter. » Ils étaient pris sous un feu croisé.

Vers minuit, j'ai finalement reçu l'autorisation de me diriger vers le lieu de l'embuscade. Un spectacle horrible nous attendait : huit morts. Les terroristes, eux, étaient déjà loin. Deux autres sections, l'une du 18e RPC et l'autre du 25e RR, qui en étaient plus proches que nous, étaient déjà sur les lieux. Le général Lamari nous a donné l'ordre de tout nettoyer avant la levée du jour. Nous avons évacué les cadavres de nos collègues et nettoyé les traces de sang. Je ne savais plus quoi dire. Je suis rentré vers le PC avec le moral à zéro.

Le lendemain, au cours d'une réunion de « débriefing », nos supérieurs nous ont expliqué qu'ils ne voulaient pas qu'on aille aider nos collègues pour ne pas mettre nos vies en danger. « Mais putain ! Nous sommes des militaires ! » ai-je lancé à un de mes collègues. Nous apprendrons alors ce qui s'était passé. Six voitures du GIS, des Toyota tout terrain, étaient sorties de Boufarik pour pourchasser un véhicule suspect qu'on leur avait signalé, une Peugeot 505 break, sur la route entre Boufarik et Soumaa. Il y avait entre chaque véhicule une distance de sécurité d'une centaine de mètres. Arrivés dans un lieu boisé et obscur, un feu nourri les avait accueillis. Les deux premiers véhicules, où se trouvaient le capitaine Yacine et le lieutenant Chaabna, avaient pu passer, mais les quatre derniers avaient été pris sous le feu des terroristes.

Yacine était l'un des hommes qui avaient eu sous leurs ordres le sous-lieutenant Boumaarafi. Après l'attentat d'Annaba qui avait coûté la vie au président Boudiaf, le lieutenant Yacine avait passé (de même que le commandant Hamou, le capitaine Torki et les autres membres du GIS qui étaient présents à Annaba) quelques mois en prison avant d'être relâché et promu au grade de capitaine à la fin de l'année 1992. Cette embuscade avait-elle un lien avec l'affaire Boudiaf ? Visait-elle à éliminer un témoin gênant ? Je ne saurais le dire. Le capitaine Yacine a en tout cas eu la vie sauve cette fois-là. Quelques années plus tard, il tombera dans une autre embuscade : là aussi, miracle, il a été grièvement blessé, mais il a pu s'en tirer, avec une jambe en moins.

Lors de la réunion de « débriefing », le général Fodhil Chérif est venu en personne, accompagné des colonels Hamana et Djebar. Outre l'affaire du capitaine Yacine, ils ont évoqué celle du sous-lieutenant Rahal, qui avait eu lieu en décembre 1992 et dont j'ai déjà parlé, et celle qui avait coûté la vie au sous-lieutenant Hichem, en février 1993. J'avais également participé à cette opération, menée avec des unités du 18e RPC et du GIS à Bouainan, près de Blida : six terroristes s'étaient réfugiés dans une maison et avaient pris la femme qui y habitait en otage. Le sous-lieutenant Hichem, accompagné du général Fodhil Chérif et de deux sergents-chefs, s'était approché de la maison ; quand il a voulu enfoncer la porte, les terroristes ont tiré et il a été tué, tandis que Fodhil Chérif était blessé à la main. Celui-ci nous a alors donné l'ordre de détruire la maison avec des lance-roquettes SPG 9. Ce qui a été fait : la maison a été réduite en ruines et les terroristes tués, mais aussi la femme prise en otage. Cela m'a beaucoup choqué : sur le coup, j'ai pensé qu'une action plus professionnelle aurait permis de neutraliser les six hommes tout en préservant la vie de leur otage.

Tirant à leur manière la leçon de ces trois affaires, le général Fodhil Chérif et ses collègues nous ont expliqué qu'il ne fallait pas essayer de prendre les terroristes vivants. « Exterminez-les, exterminez-les, eux et ceux qui les soutiennent, nous ne sommes pas là pour combattre les terroristes uniquement, mais tous les islamistes », ont-ils répété.

« Tous les islamistes » ? Fallait-il tuer trois millions d'Algériens ? Le message était pourtant clair : il fallait exterminer tous ceux qui avaient voté pour le FIS. Cette réflexion m'avait révolté : je croyais que nous étions les « bons » et que nous ne combattions que ceux qui avaient pris les armes. Venant après le massacre de Douar Ez-Zaatria, dont j'avais été involontairement complice, cette réunion terrible m'a fait prendre conscience à quel point j'étais naïf.

Un autre épisode, survenu quelques jours après ces événements, a conforté mon sentiment que nous n'étions que des pions manipulés par nos supérieurs, et tout particulièrement le général Mohamed Lamari. Je devais effectuer, avec mes hommes, un barrage mobile entre la forêt de Bouchaoui, Ouled-Fayet et Sidi-Fredj. Il s'agit d'un périmètre de « haute sécurité », car c'est un lieu de passage de tous les dignitaires du régime : ils passent tous par là pour regagner leurs luxueuses villas du littoral. En début de soirée, une Renault Super 5 qui venait en sens inverse sur la route entre Ouled-Fayet et Sidi-Fredj a fait demi-tour à notre vue. Le sergent-chef qui était avec moi et deux soldats n'ont pas attendu mon ordre pour tirer les coups de sommation. Le véhicule a alors accéléré. J'ai donné l'ordre de tirer. Une seule rafale de Kalachnikov a suffi pour immobiliser la voiture. Nous étions certains qu'il s'agissait de terroristes. Nous avons rejoint le véhicule en faisant attention de ne pas nous laisser surprendre. J'y ai vu deux hommes : l'un bougeait encore, l'autre était mort sur le coup. J'ai demandé à un des soldats de les fouiller. Rien : ni armes ni papiers d'identité. J'ai lancé un appel radio.

« Envoyez-moi une ambulance. J'ai un mort et un blessé. Ils n'ont pas de papiers mais ils ne portaient pas d'armes. » Un de mes soldats m'a fait signe de loin. Il était en compagnie d'un civil, la quarantaine, bien habillé. L'homme voulait me parler. Il m'a présenté ses papiers : c'était un collègue, un commandant au DRS. Il m'a appris que deux de ses amis, des civils qui circulaient à bord d'une Renault Super 5, avaient oublié leurs papiers chez lui. Il n'avait pas encore vu dans quel état étaient ses amis. Je lui ai demandé de me suivre. Il s'est pris la tête entre les mains en voyant le véhicule criblé de balles et les deux hommes.

J'ai donné l'information par radio. Et là, à ma grande stupeur, c'est le général Mohamed Lamari lui-même qui m'a répondu : « *Kattef rabbou* [blasphème intraduisible] *ou djibb houli* [ligote-le et ramène-le-moi]. » Il a ajouté : « S'il résiste, tue-le ! » J'ai regardé le commandant qui, surpris, avait tout entendu. « Vas-y, tu peux partir, je ne t'ai jamais vu », lui ai-je dit. Il n'était pas question pour moi d'arrêter un homme, quel qu'il soit, qui n'avait absolument rien fait de mal.

Heureusement pour moi, le général Mohamed Lamari n'est jamais revenu sur cette affaire. Je n'ai plus jamais revu le commandant en question. Et je n'ai rien compris à ce qui s'était passé là.

« Je ne veux pas de prisonniers, je veux des morts ! »

Fin mars 1993, mon unité a été mutée à Lakhdaria (ex-Palestro), un fief islamiste situé à environ 70 kilomètres à l'est d'Alger, pour appuyer la 1re division blindée, basée à Bouira. Ce mouvement correspondait à la nouvelle organisation de l'armée, décidée à engager toutes ses forces dans la lutte antiterroriste. La 1re DB avait fait mouvement de Constantine vers Bouira, zone d'intense activité terroriste. La 12e division d'infanterie mécanisée quittait Djelfa, à 200 kilomètres au sud d'Alger, pour affronter à Médéa les maquis dirigés par Sayeh Attia. À l'ouest de la capitale, la 8e division blindée et plusieurs autres unités autonomes s'installaient à Chlef. Le CCLAS était désormais organisé en plusieurs « secteurs opérationnels » : SOAL (Alger), SOBLI (Blida), SOB (Bouira), SOTO (Tizi-Ouzou), etc.

Même si les généraux n'ont jamais prononcé le mot, nous savions que nous étions en « guerre civile ». Mais nos instructions étaient claires : « Les islamistes veulent aller au paradis. Qu'on les y emmène et vite, je ne veux pas de prisonniers, je veux des morts ! » Ces deux phrases, devenues légendaires, sont sorties de la bouche du patron du CCLAS, le général-major Mohamed Lamari. Elles résument on ne peut plus clairement l'état d'esprit de la haute hiérarchie militaire à l'époque. Le général Lamari les a prononcées en avril 1993, lors d'une réunion au commandement des forces terrestres (CFT), à Alger, réunissant tous les officiers supérieurs engagés dans la guerre et convoquée après une période où l'armée venait de subir de lourdes pertes, que nous jugions tous insupportables.

Le chef du 25e RR, le commandant Daoud, qui assistait à cette réunion, nous a rapporté les mots de Lamari alors que nous venions d'arriver à Lakhdaria. Ce jour-là, j'ai vraiment compris que je n'avais absolument rien à faire dans l'armée algérienne : je voulais être soldat, pas un assassin. Mais que faire ? Je me suis juré en tout cas de faire mon travail dans le cadre de la loi, sans jamais me rendre coupable d'un fait qui serait contraire à mes principes.

À notre arrivée à Lakhdaria, les sept cents hommes du 25ᵉ RR ont été installés dans trois endroits stratégiques. Le PC (avec quatre cent cinquante hommes) était à Lakhdaria même, à côté d'un centre de télécommunications. Un détachement de cent cinquante hommes était à Djebel Bouzegza, à une quinzaine de kilomètres au nord. Et un second détachement d'une centaine d'hommes, dont je faisais partie, était installé dans une ancienne villa coloniale au bord de la route nationale n° 5, à deux kilomètres du PC, dans la zone agricole connue comme la COPAWI. La villa comportait un seul étage. Au premier, se trouvaient une salle de réunion, un bureau (où il y avait fax et téléphone) et trois chambres réservées aux officiers. Au rez-de-chaussée, il y avait l'armurerie et cinq cellules (dont l'accès était assez bien caché) qui seront utilisées pour y détenir les prisonniers : de petites pièces sombres et humides, sans toilettes, où pouvaient être entassées jusqu'à huit personnes. Les hommes de troupe logeaient dans une dizaine de roulottes, réparties autour de la villa.

Lakhdaria veut littéralement dire « ce qui est

verdoyant ». Mais en fait, cette localité a été baptisée ainsi après l'indépendance en hommage à un *chahid* de la guerre de libération, Saïd Mokrani dit Si Lakhdar, tué à Palestro en 1958. Dans cette *daïra* (sous-préfecture) de 17 000 habitants, on avait voté en masse pour le FIS lors des élections de 1990 et 1991.

La route nationale n° 5, qui mène vers Sétif et Constantine, contourne la ville, construite au pied des montagnes. La route longe l'oued Isser, dominé par d'immenses falaises et le mont Bouzegza. Les gorges de Lakhdaria, qui s'étalent sur cinq kilomètres, sont à la fois belles, impressionnantes et sinistres. En tant de paix, c'est un régal pour les yeux, en tant de guerre, c'est un coupe-gorge. De l'autre côté de la route, longeant la montagne, la voie ferrée qui relie Alger à Constantine passe dans les tunnels creusés dans le roc. Sur la montagne, de vieilles casemates en béton témoignent qu'il y a déjà eu une guerre dans ce pays : l'armée française les avait construites pour surveiller la voie ferrée que les *moudjahidines* de la *wilaya* 4 de l'ALN faisaient sauter.

La ville de Lakhdaria a une allure banale : quelques immeubles de quatre ou cinq étages qu'on a oublié de repeindre depuis le dernier passage d'un dignitaire du FLN durant les années soixante-dix, une rue principale à la chaussée défoncée et une place où se rencontrent les vieux et les chômeurs pour parler des derniers faits d'armes des « terros », une mosquée dont la construction a été interrompue, deux cafés maures où se déroulent d'interminables parties de dominos et le siège de la *daïra*, qui ressemble à tout sauf à un édifice public. Alger paraît très loin. Sur les trottoirs, des jeunes vendent des tee-shirts, des lunettes de soleil et des porte-clés fabriqués à Taïwan.

À Lakhdaria, on n'aime pas trop l'uniforme. Les jeunes regardent les militaires du coin de l'œil. J'étais décidé à établir un climat de confiance. Mais il me faudra beaucoup de temps pour gagner la sympathie de certains d'entre eux. L'armée n'a jamais compris que, pour avoir la population de son côté, il ne fallait pas l'humilier. Or, plusieurs de mes collègues jouaient aux « Rambos » devant les civils, bombant le torse, les insultant pour un rien. Plus tard, ils les tueront aussi, pour se faire plaisir.

Des terroristes extrêmement dangereux sévissaient dans la région. Les émirs les plus recherchés avaient pour nom : Amer Chibane, Mohamed Baaziz, Ahmed Djebri, Mohamed Kerkoud, Omar Chekhi, Fateh Kadirou et Touati. Tous natifs de la région, ils en connaissaient les moindres recoins et se déplaçaient beaucoup, ce qui rendait leur localisation très difficile.

Plusieurs attentats avaient eu lieu à Lakhdaria depuis 1992. Un des premiers policiers assassinés en Algérie y avait été égorgé en plein jour et jeté sous le pont qui mène vers le centre-ville. Des écoles avaient été incendiées, des femmes violées, des édifices plastiqués. Les groupes armés avaient fait main basse sur la ville. Ils avaient interdit la consommation de cigarettes, la lecture des journaux, la télévision et la radio ; et interdit aux jeunes de faire leur service national et aux femmes de travailler ou d'aller à l'école. Ils n'hésitaient pas à égorger les récalcitrants. Des jeunes filles avaient été soumises au rituel du *zaouadj el moutaa* (mariage de complaisance), un viol légalisé par les islamistes des GIA. Leurs parents étaient obligés de se soumettre à cette « loi », faute de quoi ils étaient tués sur-le-champ.

Nous nous posions beaucoup de questions sur cette pratique effroyable. En effet, nous savions tous qu'elle n'existait que dans la tradition chiite de l'islam (c'est-à-dire en Iran, au Liban, etc.), alors que les musulmans algériens sont sunnites. Cela nous paraissait invraisemblable, et nous nous demandions si les groupes armés qui faisaient cela n'étaient pas en fait manipulés par les services pour déconsidérer l'ensemble de ceux qui se battaient au nom de l'islam.

Hormis l'armée, les autres corps, police et gendarmerie, ne faisaient, en 1993, absolument rien à Lakhdaria. Il y avait bien un camion de la Compagnie nationale de sécurité (CNS), l'équivalent des CRS français, qui surveillait, le matin uniquement, le siège de la *daïra*, mais le soir la ville était livrée à elle-même. Les gendarmes et les policiers s'enfermaient dans la brigade et ne sortaient sous aucun prétexte. Les gendarmes avaient cessé toute activité à la suite de l'assassinat d'un de leurs officiers, le capitaine Horr, par le groupe de l'émir Fateh Kadirou. Quand ils commenceront à remettre le nez dehors, ce sera pour s'attaquer à la population civile ou pour faire de petites magouilles.

Il y avait également de nombreuses complicités chez les policiers : certains flics « ripoux » louaient leurs armes aux terroristes le temps d'un attentat, voire de l'assassinat d'un de leurs collègues. Ce phénomène s'est produit un peu partout en Algérie. Il a fallu beaucoup de temps pour démasquer ces policiers.

Accrochages et embuscades

Deux semaines à peine après mon arrivée, j'allais participer à ma première opération de grande envergure. Des collègues avaient localisé un groupe de « tangos » à l'entrée de la ville, dans une cache qui leur permettait de surveiller tous nos déplacements. D'importantes forces ont été mobilisées et, au bout d'un accrochage d'une demi-journée, nous avons abattu treize hommes du groupe. Lors de cet accrochage, l'émir Fateh Kadirou, surnommé l'« adjudant », a été blessé, mais il a pu s'échapper avec trois de ses hommes (nous l'aurons six mois plus tard, dans une autre opération à quelques kilomètres de Lakhdaria ; blessé par balles à la jambe droite, il passera quinze jours dans un état terrible sans être soigné, et sera torturé avant d'être abattu).

Au cours de cette opération, j'ai, pour la première fois de ma vie, vu mourir un homme sur lequel j'avais tiré. Un terroriste qui était à environ quarante mètres tentait de changer de position ; il nous tirait dessus avec une *mahchoucha* (fusil à canon scié). Au moment où il s'est levé, j'ai pointé ma « Klach » dans sa direction. Une rafale d'une quinzaine de balles a eu raison de lui. Je savais que tôt ou tard cela allait m'arriver : tuer, ôter la vie. J'avoue que dans le feu de l'action, je n'ai rien senti. Après, j'ai oublié : la mort s'était banalisée. Donner la mort ? Bof ! Un jour ou l'autre, ce serait notre tour, pensions-nous.

Les embuscades étaient très fréquentes dans les environs de Lakhdaria. À maintes reprises, les ordres étaient de ne pas poursuivre les tangos, alors qu'on pouvait les neutraliser. Je ne comprenais rien à ces instructions. Par ailleurs, toute réclamation était sévèrement sanctionnée. Au lieu d'aller affronter des hommes armés dans les maquis, on nous demandait de procéder à des arrestations de civils soupçonnés, disait-on, de « complicité avec les groupes armés ».

Cela faisait à peu près un an qu'une partie des islamistes avait versé dans le terrorisme. Durant cette période, policiers et gendarmes étaient tués quotidiennement, surtout à Alger et à Blida. Et les militaires, dont les pertes étaient moins médiatisées, ne cessaient de subir les embuscades, principalement dans l'Algérois. Les troupes spéciales, les nôtres en l'occurrence, étaient des cibles privilégiées : les terroristes diffusaient des tracts et des affiches avec une phrase terrible d'Ali Benhadj, « La tête d'un para, c'est la clé du paradis ». (Il faut dire qu'en Algérie les parachutistes font l'objet d'une véritable légende : tout le monde croit que ce sont des orphelins qui ont été pris en charge par l'armée dès l'enfance pour en faire des soldats entièrement dévoués aux généraux, prêts à tuer n'importe qui s'il le faut. Une légende que contribuent à entretenir les parachutistes eux-mêmes : dans les parades officielles, nous défilons toujours en courant et en criant, en arabe, des slogans terribles, comme « Nous sommes les monstres de la jungle », « Nous sommes des égorgeurs et des écorcheurs », « Ils disent de nous que nous sommes une armée héroïque ».)

Résultat : quarante paras tués à Chréa, près de Blida, douze à Boufarik, dix-neuf à Zbarbar et j'en passe. En l'espace d'une année, plus d'une centaine de parachutistes étaient morts. Mais cette situation dramatique ne semblait pas gêner le haut commandement.

Mon arrivée à Lakhdaria a coïncidé avec l'installation d'un nouveau commandant de secteur : le général Abdelaziz Medjahed. Mohamed Lamari avait décidé de créer des « centres opérationnels de lutte antisubversive » (COLAS), qui regroupaient plusieurs secteurs militaires. Lakhdaria était ainsi rattachée au secteur opérationnel de Bouira (SOB), commandé désormais par le général Medjahed, secondé par le colonel Chengriha. Au cours de la réunion d'installation à laquelle avaient pris part des officiers supérieurs et les officiers subalternes, le général Fodhil Chérif, accompagné pour la circonstance par le général Saïd Bey, commandant de la 1re région militaire, avait lancé au nouveau patron du SOB : « Je te confie Lakhdaria. Abassi Madani et Ali Benhadj ont laissé ici une population qui leur est totalement dévouée. Dans chaque maison, derrière chaque arbre, sous chaque rocher, il y a une bombe ou un terroriste. Sache que chacun de nos soldats vaut dix islamistes, sois vigilant et agressif avec la population. »

On ne cessait de nous marteler que Lakhdaria était une ville terroriste ; à l'époque, elle était considérée par les islamistes comme une « zone libérée ». Il est vrai que près de 70 % de la population avait, en décembre 1991, voté pour le FIS. De là à dire que tous étaient des terroristes, c'était, selon moi, très exagéré.

L'année 1993 a été très meurtrière. Pas un jour ne passait sans que survienne un attentat contre les forces de sécurité ou des responsables civils. À partir du mois de mai, ont commencé les assassinats de journalistes. Désormais, personne n'était épargné : magistrats, responsables locaux, journalistes, membres de partis politiques, etc. C'était tout le peuple algérien qui était ciblé.

Mais c'étaient bien les forces de sécurité qui essuyaient les plus lourdes pertes. Nombre de jeunes officiers des unités engagés dans la lutte antiterroriste étaient convaincus que les choix tactiques et stratégiques du général-major Mohamed Lamari, et en particulier la réorganisation de l'armée qu'il avait impulsée au printemps 1993, étaient largement responsables de cette situation. Nous avions interpellé plusieurs fois notre commandement sur les dangers de ce redéploiement et de l'implication toujours plus grande des unités blindées et des appelés dans le combat. Mais nos critiques, souvent soutenues par nos supérieurs, n'ont jamais empêché Lamari de persévérer dans l'erreur. Les faits ont montré que nous avions malheureusement raison.

Les terroristes avaient compris que c'était l'occasion rêvée pour multiplier les attaques contre nos unités fraîchement engagées. Des dizaines d'appelés tombaient chaque jour. Mal formés, mal équipés, sans expérience du combat, peureux face au feu, les jeunes appelés étaient de la chair à canon. Je me rappelle ainsi des pertes considérables subies par le 11e régiment d'infanterie mécanisée basé à Djebahia, à vingt-cinq kilomètres de mon unité. Comme cette fois où une bombe explosa au passage d'un véhicule blindé, en pleine ville : huit soldats et un officier tués sur le coup. Quelques mois plus tard, le groupe de Sayeh Attia tendait une embuscade à une unité du 5ᵉ régiment blindé, à Berrouaghia, commandée par le capitaine Abderrahmane Derradj. Pendant l'attaque, ce dernier a pris la fuite dans son véhicule blindé, laissant derrière lui ses hommes condamnés à la mort : les appelés, paniqués, ont vidé leurs chargeurs sur leurs assaillants qui s'étaient mis à l'abri ; privés de munitions, les soldats ont dû donner leurs armes aux islamistes avant d'être exécutés. On relèvera plus de quarante morts.

Été 1993 : la lutte se durcit

En mai, autre opération. D'autres morts et d'autres blessés. La routine consistait à tuer ou à se faire tuer : un cycle infernal de violence. À peine terminée une opération où un groupe était éliminé, on nous apprenait qu'un autre groupe sévissait un peu plus loin. Embuscade, ratissage, patrouille, opération, c'était notre vocabulaire quotidien. Les pertes se succédaient de notre côté. Devant nos offensives, les « tangos » ne désarmaient pas, bien au contraire, ils redoublaient de férocité. Nous avions en face de nous de véritables guerriers qui ne craignaient pas la mort, ils allaient même vers elle. C'était leur conviction : ils étaient sûrs d'aller tout droit au paradis. Pour l'instant, nous étions tous en enfer.

Mais c'est aussi au cours de cette année 1993 que la confusion a commencé à s'installer dans mon esprit : qui tuait vraiment ? Je me rappelais alors l'affaire de Douar Ez-Zaatria, la descente du colonel Hamana à Boufarik après l'affaire du capitaine Yacine, et les paroles des généraux. L'armée aussi tuait à tort et à travers pour décrédibiliser les terroristes islamistes.

En fait, nous étions nombreux, parmi les jeunes officiers, à penser que les mauvaises méthodes de travail que l'on nous imposait, comme les coups tordus des hommes de la SM, n'étaient pas le fruit du hasard ou de l'incompétence, mais bien une politique délibérée. Objectif : augmenter le niveau de la violence terroriste pour maintenir la population dans la peur. D'ailleurs, entre nous, y compris ceux qui n'hésitaient pas à faire les sales besognes, nous disions souvent : « Tiens, qu'est-ce qu'a encore fait la "société" aujourd'hui ? » La « société » (*charika* en arabe), c'était pour nous la « Société nationale de formation des terroristes », c'est-à-dire l'armée, ou du moins ses grands chefs.

Au mois de juin, nous avons appris par les journaux que l'émir Abdelhak Layada avait été arrêté au Maroc, où il s'était réfugié. Il a été au centre d'un incident diplomatique entre l'Algérie et le Maroc : les Marocains voulaient faire du chantage aux Algériens en remettant sur la table l'affaire du Sahara occidental. Mesquinerie : vouloir échanger un vulgaire terroriste contre le renoncement à l'autodétermination d'un peuple opprimé. Il a fallu plusieurs va-et-vient des responsables militaires algériens entre Alger et Rabat pour récupérer ce chef terroriste. C'est Smaïn Lamari, le numéro 2 du DRS, qui a suivi le dossier. Et Khaled Nezzar en personne a dû se rendre à Rabat pour raisonner le roi. Le règne de Layada aura duré finalement dix mois.

Après la neutralisation de Layada, on nous apprendra qu'un autre « Afghan », Mourad Sid Ahmed, dit Djaafar El-Afghani, avait pris la tête du GIA.

L'été 1993 s'annonçait très chaud. Mais il ne s'agissait pas des conditions climatiques. Le général Medjahed et le colonel Chengriha nous avaient donné l'ordre d'incendier, avec de l'essence, plusieurs montagnes près de Lakhdaria et en Kabylie. Lakhdaria était connu pour être un lieu de transit des groupes terroristes : ils passaient par là pour se rendre en Kabylie, à

Djidjel ou dans l'est du pays. Le terrain très boisé facilitait leurs déplacements : il était impossible de voir quoi que ce soit par hélicoptère. Le feu allait non seulement les déloger mais surtout dégager le terrain et nous permettre de voir de loin tout déplacement suspect. En raison des feux de forêt que nous avions allumés, la température atteignait parfois les 45 degrés. Des arbres centenaires brûlaient. Ce désastre écologique n'a pas manqué de faire des morts parmi la population civile. En Kabylie, par exemple, cinq personnes ont trouvé la mort. En l'espace de deux mois, des dizaines de milliers d'hectares de forêts et de pâturages ont été détruits.

Sur le plan politique, la situation était chaude également. Contre toute attente, le général Khaled Nezzar annonçait, en juillet, sa démission du poste de ministre de la Défense nationale. Son remplaçant était le général Liamine Zéroual, qui avait été auparavant contraint à la retraite en raison de son désaccord avec le président Chadli au sujet de la restructuration de l'armée. Dans les casernes, on expliquait ce changement par la maladie de Khaled Nezzar : ce dernier avait subi en 1988 un accident de santé et risquait de disparaître à tout moment. Personne ne voulait prendre le risque de laisser sa succession ouverte à une guerre des clans. C'est donc lui-même qui aurait pris la décision de rappeler Liamine Zéroual, l'un des rares à faire l'objet d'un consensus dans l'armée.

Mais l'information la plus importante concernait le général Mohamed Lamari. Le 5 juillet, jour de la fête de l'indépendance, il était nommé au poste de chef d'état-major de l'armée en remplacement du puissant général Abdelmalek Guenaïzia, l'ami personnel de Khaled Nezzar. Lamari allait devenir ainsi une sorte de ministre de la Défense *bis,* doté de tous les pouvoirs. Le général Brahim Fodhil Chérif le remplaçait comme chef de la lutte antiterroriste. Le 5 juillet également, les généraux Médiène, Mohamed Ghenim (secrétaire général au MDN) et Abdelmadjid Taghrirt étaient promus au grade de général-major.

La promotion du général Lamari signifiait à nos yeux un durcissement de la lutte antiterroriste. Il est vrai que, depuis le début de l'été, l'armée avait subi des revers importants : en juin, une cinquantaine de militaires avaient été tués à Chréa dans une embuscade ; à Berrouaghia, près de Médéa, plusieurs militaires avaient déserté ; à Oran, une quarantaine de détenus militaires accusés d'être islamistes s'étaient évadés de la prison de Mers-El-Kébir.

Il fallait mettre un terme au laxisme. Car

malgré notre présence sur le terrain, il faut dire que nos supérieurs continuaient souvent à nous empêcher d'affronter certains groupes armés qui étaient pourtant à portée de main. Il est arrivé, je l'ai dit, qu'on nous interdise de pourchasser un groupe qui venait de commettre un attentat. J'ai connu personnellement plusieurs fois cette frustration. Je ne comprenais rien : nous sortions parfois pour des ratissages de deux ou trois jours sans rien trouver et, quand nous localisions un groupe et que nous voulions aller à sa rencontre, on nous disait : « Non, laissez-les, on les aura un autre jour ! »

De même, il faut savoir que nous devions travailler avec des cartes d'état-major datant... de la colonisation française (l'armée algérienne n'a jamais fait l'effort de produire des cartes actualisées). Souvent, quand nous arrivions à un endroit où avaient été signalés des suspects, le paysage était différent de celui indiqué sur la carte (des maisons avaient disparu, d'autres avaient été construites, etc.). Du coup, nous comprenions que le lieu que l'on nous avait désigné sur la carte n'était en fait pas le bon : nous alertions alors notre commandement par radio, en leur disant que l'endroit suspect était sans doute en fait à un ou deux kilomètres de là ; mais au lieu de nous dire d'y aller, on nous ordonnait souvent de fouiller là où nous étions et où il n'y avait personne...

Le 21 août 1993, coup de tonnerre : l'ancien chef de la Sécurité militaire et ex-Premier ministre Kasdi Merbah était assassiné en même temps que son fils, son frère et deux gardes du corps. J'ai pensé immédiatement au DRS : Merbah, surnommé l'« homme aux dossiers », savait trop de choses sur tous les responsables militaires. La presse a prétendu que c'était le groupe d'Abdelkader Hattab, sévissant dans la *wilaya* de Boumerdès, qui avait fait le coup. Qui pouvait le croire ? Je ne pense pas qu'un vulgaire bandit de grand chemin, reconverti dans le terrorisme, ait pu tendre un piège à celui qui avait dirigé pendant des années la Sécurité militaire. D'ailleurs, les éléments du DRS qui travaillaient avec nous montraient discrètement leur satisfaction à la suite de cet assassinat. Pauvres minables ! Quand Merbah dirigeait les « services », personne ne bronchait. Je suis prêt à jurer que s'il était toujours à la tête de la SM, tous ceux qui se sont réjouis de sa mort lui auraient fait des courbettes, comme ils le font aujourd'hui devant le général « Tewfik », leur Dieu du moment.

Les changements intervenus en juillet à la tête de l'armée ont vite fait de se traduire sur le terrain politique. Le Premier ministre Belaïd

Abdesslam a été remplacé par le diplomate Rédha Malek, un « éradicateur » qui se rendra célèbre par la phrase : « La peur doit changer de camp. » Le ministre de l'Intérieur Mohamed Hardi a été remplacé à ce poste par le colonel Salim Sadi, un « dur » (Hardi sera assassiné quelques années plus tard, dans des conditions obscures). Des magistrats jugés trop cléments avec les islamistes ont été déplacés et les exécutions de condamnés à mort ont repris. Une trentaine de jeunes officiers, modernistes et anti-islamistes, ont été promus au grade de général.

Derrière tous ces changements, il y avait les désormais véritables patrons de l'armée : les généraux Mohamed Lamari et « Tewfik » Médiène. Leur conseiller idéologique était — et reste à ce jour — le général Mohamed Touati, dont je saurai plus tard qu'il est surnommé *El mokh* (le Cerveau) ; ce farouche éradicateur tient le rôle de conseiller politique à l'ANP.

En 1993, les terroristes étaient aussi passés à une autre étape : les étrangers, jusque-là épargnés, étaient ciblés à leur tour. Fin octobre, trois agents consulaires français, Alain Freissier et les époux Thévenot, étaient kidnappés à Alger avant d'être curieusement libérés une semaine plus tard. La France conseillait alors à ses ressortissants dont « la présence n'est pas nécessaire en Algérie d'éviter ce pays ». Notre pays était « officiellement » devenu un « pays à risques ». Le GIA avait adressé un ultimatum à tous les étrangers pour quitter le pays. En septembre, deux géomètres français étaient enlevés et assassinés à Sidi-Bel-Abbès. En décembre, douze Bosniaques et Croates étaient assassinés à l'arme blanche à Tamesguida, près de Médéa, par le groupe de Sayeh Attia. En quelques mois, plus de vingt étrangers étaient tués. Une chose que je ne comprendrai jamais : les Américains n'ont jamais été ciblés...

7

La descente aux enfers

Quinze jours de tortures

L'hiver est particulièrement rude à Lakhdaria. Il fait froid, il gèle et il neige sur toute la région qui mène vers les hauts plateaux. L'année 1993 venait de s'achever avec son lot de mort et de sang. Depuis que j'étais opérationnel, les jours se suivaient et se ressemblaient.

Ce jour de février 1994, j'étais content de terminer mon service. Ma patrouille avait commencé à 5 heures du matin. La chasse n'avait pas été bonne. Nous n'avions croisé aucun terroriste : le « gibier » devait aussi se cacher avec ce temps de chien ! En hiver, les terroristes ont l'habitude de quitter les montagnes pour se réfugier dans les villes et villages. Certains toutefois restaient là-haut et résistaient à la rudesse du climat. Il est vrai que les casemates qu'ils avaient construites étaient bien équipées — groupes électrogènes, tapis, réchauds, etc. —, permettant un confort très relatif et même parfois d'y vivre avec femmes et enfants.

Je me demandais comment ils pouvaient accepter tous ces sacrifices, alors que leur combat était voué à l'échec. Au moment où j'arrivais devant le commissariat de Lakhdaria ma méditation a été interrompue : des officiers de police m'appelaient en faisant de grands signes. « Regarde ce message, me dit l'un d'eux : il y a un groupe de quatre individus armés qui vient de kidnapper un citoyen. Il s'agit de l'ancien maire FIS. Ils l'ont enlevé près de la gare, des témoins les ont vus le faire monter de force dans un fourgon de type J9 de couleur blanche. Tiens, prends le matricule. »

Je n'avais pas eu connaissance de cet enlèvement, je n'avais reçu aucun message radio. J'ai mis dans ma poche le bout de papier où était inscrit le matricule du fourgon et je me suis dirigé vers le PC en me demandant comment cela avait pu se produire en plein jour, alors que nous avions depuis plusieurs mois la situation en main. Du moins en ce qui concernait le centre de Lakhdaria.

À peine franchie l'entrée de la caserne, j'ai vu un fourgon J9 blanc qui y était garé. J'ai sorti le bout de papier de ma poche pour vérifier le matricule : c'était bien celui qui avait servi à l'enlèvement de l'ancien maire. À ce moment précis, le lieutenant du CMI Abdelkader Belkebich, dit Abdelhak, qui travaillait avec nous, ainsi que quatre autres officiers du DRS, s'est approché de moi.

Je l'ai interpellé : « Vous les avez attrapés ?
— Qui ?
— Les terroristes qui ont enlevé un citoyen devant la gare.
— C'est nous, les terroristes ! Vas-y ! Il est là, si tu veux le voir, ton citoyen », m'a-t-il répondu en faisant un signe de la tête en direction des cellules.

J'y suis allé. « C'est nous, les terroristes ! » : cette phrase sonnait dans ma tête. J'avais la nausée. « Que je suis bête ! » me disais-je.

Nos cellules étaient de minuscules pièces de moins de deux mètres carrés. J'avais horreur de les visiter. Dans la villa, il y en avait cinq. L'odeur était effroyable. À l'entrée, à droite, le matériel de torture : des chaînes, une bassine d'eau croupie, des détergents, des fils électriques, des outils, etc.

Il était dans la deuxième cellule. Un homme barbu, la quarantaine, qui se tenait la tête entre les mains. Il pleurait. En me voyant, il a levé la tête un instant avant de baisser les yeux.

« Qu'as-tu fait ?

— Rien du tout, je ne sais même pas pourquoi je suis là.

— Je te conseille de tout leur dire si tu as quelque chose sur la conscience. Ne pousse pas ces jeunes à te maltraiter. »

L'homme m'a longuement regardé dans les yeux en hochant la tête, avant de prononcer quelques mots que je n'ai pas oubliés : « L'injustice se transforme en ténèbres le jour du jugement dernier. Je n'ai rien fait d'illégal, je suis père de famille et je travaille. Je n'ai aucun contact avec ceux qui ont pris les armes, je ne sais même pas pourquoi je suis là. »

Je suis ressorti à la rencontre du lieutenant Abdelhak : « Écoute, cet homme n'a rien fait, j'en suis convaincu. Relâchez-le. — Tu es con ! Tu n'as rien compris », m'a-t-il répondu avant de me tourner le dos et de repartir à ses occupations macabres.

Le soir, dans ma chambre, située à l'étage au-dessus des cellules, j'entendais les cris de l'homme qui suppliait ses tortionnaires. Abdelhak et ses collègues étaient à l'œuvre. Le supplice a duré toute la nuit avant de reprendre la nuit suivante pour se terminer au petit matin. Et ainsi de suite pendant quinze jours. Il ne m'était plus possible de trouver le sommeil.

« Habtouh lel-oued ! »

Il s'est ensuite passé ce qui se passait systématiquement avec les personnes arrêtées. À chaque fois, les hommes du DRS basés chez nous demandaient des instructions au général Medjahed ou à son chef d'état-major, le colonel Chengriha. En général, l'ordre était toujours le même : « *Habtouh lel-oued !* », c'est-à-dire « Fais-les descendre à l'oued ». Ce qui voulait dire : « Liquide-les » (pas nécessairement au bord de l'oued, ce pouvait être n'importe où). Je précise que nos chefs utilisaient également d'autres formules à peine codées pour ordonner de torturer les prisonniers afin d'obtenir des renseignements : « Traitez-les sur place », « Faites l'exploitation sur place » ou « Exploitez-les »... (ce n'est qu'ensuite qu'ils étaient exécutés).

Ce soir-là, vers 18 h 30, le lieutenant Abdelhak et deux officiers du 25e RR (les lieutenants Mounir Bouziane et Chemseddine Saadaoui) ont fait sortir des cellules le maire de Lakhdaria et ses cinq codétenus (qui avaient été arrêtés avant lui). Ils étaient dans un état lamentable, menottés avec du fil de fer et les yeux bandés. Ils les ont poussés, comme des bêtes qu'on mène à l'abattoir, dans un camion Toyota bâché (un véhicule appartenant à la commune et non à l'armée ; ils utilisaient souvent ce type de véhicule pour ces « opérations » très spéciales). On m'a donné l'ordre de sortir avec une quinzaine d'hommes en Jeep pour assurer leur protection de loin. Je les ai vus s'arrêter au bord de l'oued Isser. Ils ont fait descendre les six hommes, les ont contraints à s'agenouiller et les ont tués l'un après l'autre de deux balles de Klach dans la nuque. Ils ont laissé les corps sur place.

Lors des vingt-sept mois que j'ai passés à Lakhdaria, j'ai été le témoin direct d'assassinats de ce type au moins une quinzaine de fois. Ceux qui pratiquaient ces exécutions sommaires étaient aussi bien des hommes de notre garnison que des officiers venus d'Alger. Parmi les premiers, outre les lieutenants que je viens de citer, il y avait des officiers du 25e RR, du DRS de Lakhdaria et du SOB ; je peux citer le commandant Bénaïch (l'adjoint du colonel Chengriha), le colonel Chengriha lui-même et le commandant Ben Ahmed (qui a pris le commandement du 25e RR après le lieutenant-colonel Daoud, parti début 1994 pour faire l'école de guerre en Russie). D'Alger, venaient souvent des lieutenants et des capitaines du CPMI et des autres CMI : ayant recueilli dans d'autres secteurs des renseignements sur des suspects de notre région, ils venaient eux-mêmes les arrêter avec notre aide, puis ils les torturaient et les exécutaient.

C'étaient toujours les officiers du DRS qui torturaient. Depuis mon arrivée à Lakhdaria, je savais qu'ils torturaient régulièrement dans les cellules de la villa, mais ce n'est qu'en janvier 1994 que je les ai vus opérer pour la première fois. En rentrant dans l'appentis donnant accès aux cellules pour prévenir un officier du CMI qui était appelé au téléphone, je l'ai vu avec deux de ses collègues en train de torturer un malheureux : c'était un cadre de l'ENAD (une entreprise de la zone industrielle de Lakhdaria), qui était soupçonné d'être le chauffeur de l'émir Omar Chekhi. Il était attaché, entièrement nu, sur un banc. Ils lui avaient noué aux pieds des fils électriques reliés à une petite dynamo à manivelle (du matériel russe normalement utilisé pour les téléphones de campagne), qu'ils faisaient fonctionner pour lui envoyer des décharges. Je les ai vus aussi utiliser d'autres procédés : il était battu violemment avec de longs gourdins, ou encore ils l'obligeaient à absorber des quantités invraisemblables d'eau mélangée de Javel ou d'autres produits détergents. Cet homme est mort sous la torture au bout de quatre jours. Dans les mois qui suivront, j'aurai souvent l'occasion de voir ce type de scènes effroyables, car le nombre de détenus augmentera beaucoup et les tortures, de jour comme de nuit, deviendront quotidiennes.

Violences terroristes, sauvageries militaires

Pendant que les hommes du DRS torturaient et tuaient des innocents, le plus souvent, les militaires continuaient de subir de lourdes pertes. Au début janvier 1994, une cinquantaine de soldats avaient été tués au cours d'une embuscade à Sidi-Bel-Abbès. Le 11 janvier, le groupe de Sayeh Attia avait tendu une embuscade au *wali* (préfet) de Tissemsilt et à son escorte, sur une route près de la ville de Sig, à l'ouest du pays ; bilan : une trentaine de morts (dix-neuf selon la version officielle), dont le *wali* lui-même. Autre drame, le 15 janvier : la caserne de Sebdou (siège de la 8e DB), près de Sidi-Bel-Abbès, avait été l'objet d'une attaque surprise ; une quarantaine de militaires avaient été tués. Aucune région du pays n'était épargnée, sauf le Sud, l'« Algérie utile » comme l'appellent les responsables algériens en raison des puits de pétrole et des gisements de gaz.

À cette époque, le régime tentait d'organiser une « conférence nationale » pour sortir le pays de la crise. Tous les partis y ont été conviés, sauf bien sûr le FIS, appelé depuis 1992 le « parti dissous ». On parlait de la fin du mandat du HCE. Cette instance serait remplacée par un président de l'État. Mais le 30 janvier, nous apprenions que le HCE « confiait » la présidence de l'État au ministre de la Défense, le général Liamine Zéroual.

Fin janvier, j'apprenais qu'Abdelkader Chebouti, le chef du MIA, avait été blessé, lors d'une opération près de Médéa. Et le 26 février, l'émir du GIA Djaafar El-Afghani était abattu à Alger par des hommes du 90ᵉ BPM ; il avait été encerclé dans une villa où il s'était réfugié. Mais peu après, bizarrement, on apprenait par la presse le nom de son remplaçant. Cela se reproduira souvent par la suite : chaque fois que le chef présumé du GIA sera éliminé, un nouvel émir surgira du néant et l'armée en sera immédiatement informée : après l'élimination de Djaafar El-Afghani, il faudra traquer successivement Chérif Gousmi, Djamel Zitouni, Antar Zouabri ou encore Hassan Hattab. On ne parlait d'ailleurs plus du GIA, mais *des* GIA. Nous étions nombreux à penser — j'y reviendrai — qu'il y avait en réalité d'un côté les vrais groupes islamistes armés et, de l'autre, les groupes islamistes de l'armée, manipulés par des hommes du DRS.

Ce que je vivais à Lakhdaria n'était guère reluisant : exécutions sommaires et tortures se succédaient. Je me disais qu'avec le ramadan qui s'annonçait, le lieutenant Abdelhak et ses hommes allaient se calmer. Je rêvais...

Début mars, alors que nous étions en plein mois de ramadan, la prison de Tazoult (ex-Lambèse), près de Batna, a été attaquée par cent cinquante assaillants. Près de mille prisonniers — dont trois cent cinquante condamnés à mort — ont réussi à prendre la fuite. Les assaillants avaient attaqué au moment de la rupture du jeûne, où la garde est allégée. On a parlé de complicités, mais cela semblait pour moi fantaisiste. Je reste convaincu que cette évasion a été organisée par les forces de sécurité pour éliminer le maximum d'islamistes. Je savais que les condamnés à mort étaient regroupés à Tazoult ; plusieurs d'entre eux y avaient été transférés en juin 1993.

J'ai appris que, la première semaine, plusieurs dizaines d'évadés avaient déjà été tués. Le colonel Chengriha nous avait donné l'ordre d'abattre sur-le-champ ces fugitifs si nous en rencontrions. Trois mois plus tard, nous en avons arrêté quatre dans notre région. Ils ont été sauvagement torturés à notre PC. Deux d'entre eux ont été ensuite immédiatement abattus. Les deux autres avaient dit sous la torture avoir été aidés après leur fuite par des gens de Djidjel ; ils ont été embarqués dans un hélicoptère venu d'Alger par des officiers du CPMI, qui voulaient aller voir avec eux à Djidjel qui étaient ces gens. Quelques minutes après le décollage de l'hélicoptère, j'ai vu que... l'un des deux hommes était jeté par-dessus bord ! (Plus tard, j'apprendrai par des camarades de promotion que des hommes du CMI de la 5e région militaire ont souvent éliminé des suspects en les jetant d'un hélicoptère en vol.)

Je n'ai pas participé à ce massacre des évadés de Tazoult, mais je n'ai rien pu faire pour l'empêcher. Je ne protestais même plus. Je m'étais habitué. Il était loin, le temps de l'académie où nous apprenions que le soldat doit être un homme d'honneur : ne jamais tirer sur un homme désarmé, ne jamais tuer un prisonnier, ne jamais maltraiter l'ennemi quand il est entre vos mains. Ils étaient bien beaux les discours de nos instructeurs. J'étais dans une armée d'assassins, de brigands et de voleurs. J'étais avec des sauvages. J'étais moi-même devenu un sauvage.

C'est à cette époque que le dramaturge Abdelkader Alloula a été assassiné à Oran et, quelques jours plus tard à Alger, Ahmed Asselah, le directeur de l'École des Beaux-Arts, avec son fils. En avril, les généraux nommaient un nouveau Premier ministre, Mokdad Sifi. En quatre ans, l'Algérie avait eu quatre Premiers ministres et quatre présidents. Quelle stabilité !

Les massacres de mai-juin 1994

Au mois de mai, la vague d'arrestations a pris de l'ampleur à Lakhdaria. Une nuit, on m'a donné l'ordre d'accompagner avec mes hommes des officiers du DRS qui avaient une « mission ». Ces derniers, habillés en civil, ressemblant à des terroristes (ils avaient une barbe de quinze jours ; cela arrivait souvent : je savais que quand les hommes du DRS se laissaient pousser la barbe, c'est qu'ils préparaient une « sale mission » où ils se feraient passer pour des tangos), avaient des listes de noms. Arrivés dans un hameau, ils m'ont demandé d'attendre à l'entrée du village. J'ai posté mes hommes tout autour de ces habitations précaires où vivaient des gens très modestes. Au bout de trois quarts d'heure, les quatre officiers étaient revenus avec cinq hommes. Les mains derrière le dos, ligotés avec du fil de fer, une cagoule sur la tête qui les empêchait de voir, ils marchaient en tremblant mais sans rien dire, comme s'ils connaissaient leur sort. À mon retour au PC, d'autres collègues, qui étaient sortis également avec des officiers du DRS, avaient ramené eux aussi des « prisonniers ».

Je me rappelle les noms de certains d'entre eux, que leurs familles considèrent aujourd'hui comme disparus ou dont elles pensent qu'ils ont été assassinés par des islamistes. Je tiens à apporter le démenti le plus catégorique sur ce point. Les personnes dont les noms suivent ont été assassinées en mai et juin 1994 par les militaires de Lakhdaria, sur ordre des généraux avec l'accord du colonel Chengriha, alors commandant du SOB. Il s'agit des frères Braiti, des frères Bairi, de Farid Kadi, Fateh Azraoui, Abdelwaheb Boudjemaa, Mohamed Messaoudi, Mohamed Moutadjer, Djamel Mekhazni et des frères Boussoufa.

Ces derniers, je les connaissais personnellement. L'aîné était un paisible père de famille et travaillait dans une usine de peinture, la SNIC, et l'autre était artiste peintre. Les officiers du CMI affirmaient qu'ils avaient des liens avec les terroristes. Mais ils étaient tout sauf des terroristes, j'en suis convaincu ; ils ne faisaient même pas de politique. Les frères Boussoufa ont été tués dans des conditions effroyables.

Je regardais ce manège : des gens qu'on arrête, qu'on torture, qu'on tue et dont on brûle les cadavres. Un cycle infernal : depuis mon arrivée à Lakhdaria, j'avais vu au moins une centaine de personnes liquidées. Que faire ? La question me taraudait l'esprit. Déserter ? Pour aller où ? Rejoindre les groupes armés ? Pour tuer des innocents ? Non.

Je n'osais même plus parler pour plaider la cause de certains innocents : le colonel Chengriha, qui nous commandait depuis quelques semaines en remplacement du général Medjahed, m'avait déjà plusieurs fois rappelé à l'ordre. Je ne voulais pas susciter la colère des éléments du CMI, ni celle de mes supérieurs, et je me tenais à carreau depuis quelques semaines. J'avais pensé prendre des photos, mais je n'ai pas pu. Cela aurait éveillé les soupçons. À cette époque, j'étais décidé : à la première occasion, je déserterais à l'étranger et je parlerais de tout ce que j'avais vu. J'attendrai mon heure encore très longtemps...

Mohamed Moutadjer était un homme de soixante ans. Deux de ses fils étaient des terroristes activement recherchés. Après qu'il a été torturé, le commandant Ben Ahmed, le commandant de mon régiment, l'a traîné dans la cour et, devant tout le monde, il a... uriné sur lui en lui répétant : « Appelle tes chiens d'enfants, qu'ils viennent te secourir maintenant ! »

Après cette scène barbare, lui et deux autres soldats ont tiré une rafale sur le vieil homme. Son cadavre a été jeté dans la nature. Tous les autres ont également été assassinés après avoir été torturés, certains pendant plusieurs jours. Huit ont été égorgés et jetés dans un champ. Deux cadavres ont été jetés nus à côté de la gare ; cinq autres ont été laissés au bord de l'oued Isser.

Deux prisonniers, un enfant de quinze ans et un homme d'environ trente-cinq ans, ont même été brûlés vifs. Je n'oublierai jamais cette scène. Outre moi-même, il y avait là les lieutenants Abdelhak et Ramdane, du CMI, et les lieutenants Bouziane, Chemseddine et Boukachabia, du 25ᵉ RR. Devant tout le monde, le lieutenant Chemseddine avait mis à genoux les deux prisonniers et les avait aspergés d'A72, un liquide hautement inflammable qui sert de carburant pour certains engins blindés. « Non, il ne va pas faire cela ! » répétais-je à un de mes collègues. Le gamin suppliait, pleurait sous le regard méprisant des militaires rassemblés autour de lui. Le lieutenant a allumé un bout de plastique et l'a jeté sur les vêtements du malheureux, qui s'est transformé aussitôt en une véritable torche humaine. Ses hurlements de douleur, à réveiller les morts, ont été interrompus par une rafale tirée à bout portant. Son compagnon, qui avait assisté à la scène, était muet de terreur. Quelques minutes plus tard, il subira le même sort.

En ces jours de mai et juin 1994, les habitants de Lakhdaria découvriront plusieurs dizaines de cadavres éparpillés autour de la ville. Les corps étaient souvent méconnaissables. Personne d'ailleurs n'osait s'en approcher. Le comble du cynisme : comme souvent, ce sont des officiers de notre unité qui ont alerté la gendarmerie sur la présence de cadavres aux alentours de Lakhdaria. Dans ces cas-là, gendarmes et policiers, accompagnés d'ambulances de la protection civile, allaient récupérer les cadavres et les amenaient à la morgue de l'hôpital de Lakhdaria : certains étaient identifiés par les familles ; ceux qui étaient brûlés, et donc méconnaissables, étaient enterrés sous « X algérien ». Parfois aussi, les cadavres étaient jetés dans d'autres secteurs (par exemple à 60 km de Lakhdaria, dans le secteur opérationnel de Tizi-Ouzou) : ceux-là aussi étaient enterrés sous X, puisque personne ne pouvait les identifier. C'est de cette manière que des milliers d'Algériens ont disparu au cours de ces dernières années.

Bien sûr, on fera croire aux habitants de Lakhdaria que les victimes avaient été assassinées par des terroristes. Quant à ceux qui ne sont pas réapparus, et qu'on a dits « disparus », c'est parce que leurs corps avaient été brûlés. Même un adolescent de quinze ans qui vendait des cigarettes à la sauvette a été assassiné par le lieutenant Abdelhak, avec la même sauvagerie. Ils l'avaient soupçonné de donner des informations aux terroristes. Aucun de ceux qui ont été amenés à la villa n'en est ressorti vivant. Quelques années plus tard, après ma sortie de prison, j'apprendrai que le lieutenant Abdelhak, devenu capitaine, avait été muté à Sidi-Bel-Abbès, à l'ouest du pays, où il est en train de se refaire une virginité. Il a passé avant cela quelques mois en prison pour vol. Les lieutenants Bouziane, Chemseddine et Ramdane sont également devenus capitaines.

Le régiment des assassins

Un scénario presque identique s'est produit le même mois près de la ville de Ténès, à l'ouest d'Alger. Il m'a été rapporté par des officiers du 12e RPC, que j'avais connus à Cherchell, et qui avaient participé à l'opération, dont les lieutenants Salim Semali et Abdelmalek (j'ai oublié le nom de ce dernier). Au cours d'une embuscade tendue par un groupe terroriste, l'armée avait perdu seize hommes, dont deux officiers. Une semaine plus tard, un commando composé d'officiers du DRS et d'éléments du 12ᵉ RPC a attaqué les familles des terroristes de la région. Habillés en islamistes, ils frappaient aux portes en disant : « Ouvrez, nous sommes les *ikhwas* [les frères, c'est-à-dire les islamistes] ! » Ensuite, ils égorgeaient tous les membres de la famille, hommes, femmes et enfants. En une semaine, ils ont tué plus de cent quatre-vingts personnes. Les médias algériens et étrangers n'ont jamais parlé de ce massacre.

Le lieutenant Salim Semali m'a raconté une autre affaire du même genre à laquelle il avait participé en 1994 : à Gouraya, près de Cherchell, un commando du 12ᵉ RPC a été largué par hélicoptère. Deux hameaux ont été complètement massacrés. Le lendemain, l'hélico est allé récupérer le commando. Les hommes du 12ᵉ RPC ont fait beaucoup d'opérations de ce type : les habitants de maisons isolées dans les montagnes, soupçonnés de soutenir les groupes armés, étaient tous assassinés ; comme aucun survivant ne pouvait témoigner, il était d'autant plus facile ensuite de dire que c'étaient des crimes de terroristes...

Comme je l'ai dit, le 12ᵉ RPC était pour moi le « régiment des assassins ». Il était le seul régiment du CCLAS à comporter en son sein une « compagnie spéciale », composée de quatre sections de trente-deux hommes (dans les autres régiments, il y avait une seule « section spéciale », chargée de faire le sale boulot). Les hommes de cette compagnie spéciale agissaient le plus souvent en civil. C'étaient de véritables barbares. Mon camarade de promo Abdelmalek en faisait partie. Je l'avais revu à Alger en 1993 et il était devenu à moitié fou à cause des massacres qu'on l'obligeait à faire : « On fait un sale boulot... Chaque nuit, chaque jour, ils nous demandent de sortir... Ils nous ont tués, les salauds ! » (il parlait bien sûr des généraux). Complètement déboussolé, il m'avait dit : « Je ne sais plus qui je suis, je ne sais plus si c'est le jour ou la nuit... » Ce jour-là, il était saoul, et il m'a dit qu'il se droguait souvent et fumait tout le temps du haschich, comme tous les hommes de sa compagnie.

Il y avait aussi un sergent-chef du 12ᵉ RPC qui est devenu célèbre dans toutes les unités du CCLAS sous le surnom de « Enims » (c'est-à-dire le Malin), une vraie bête sauvage. Lui, il était toujours prêt à faire les sales besognes que les autres ne voulaient pas faire. Il prenait plaisir à torturer, tuer, égorger...

Le 12ᵉ RPC est aussi le seul régiment du CCLAS qui ait été déployé dans toutes les régions de l'Algérie. En 1992, il était à Blida puis à la Casbah d'Alger, en 1993, à Bab-el-Oued et Boufarik, en 1994, à Constantine, Batna et Djidjel (à partir de 1995, il ira successivement à Aïn-Defla, Chlef, Sidi-Bel-Abbès et Tiaret). Pendant toute cette période, le régiment était commandé par le colonel Athamnia. Partout où le 12ᵉ RPC est passé, il a perpétré des massacres de civils, bien sûr attribués aux groupes armés.

De plus, aucune discipline n'était respectée chez eux : le sous-officier pouvait frapper l'officier, l'insubordination était banale, la drogue et l'homosexualité y étaient courantes et les agressions contre les civils aussi. Ils n'hésitaient pas, par exemple, à violer une fille qui leur tombait sous la main. Le 12ᵉ RPC était tout simplement le royaume de l'indiscipline et de l'anarchie. Mes camarades m'ont souvent dit : « Tu as bien fait de ne pas venir dans ce régiment. »

Morts pour rien

Un soir du mois de juin 1994, mon supérieur, le colonel Chengriha, voulait effectuer une patrouille dans les rues de Lakhdaria : il lui arrivait de vouloir sortir juste pour se balader. Il m'avait demandé de l'accompagner avec ma section. Nombreux sont les officiers supérieurs qui ne prenaient aucun risque. Il était l'un d'eux. Eux étaient payés pour donner des ordres, nous, nous étions sous-payés pour mourir.

Nous avions pris cinq Toyota et nous faisions une ronde depuis une demi-heure quand un homme a surgi dans l'obscurité. Il quittait son domicile à minuit, après l'heure du couvre-feu. Le menaçant avec ma Kalachnikov, je lui ai ordonné de mettre les mains en l'air.

« Où vas-tu ?

— Je cherche des allumettes ! » me répondit-il avec nonchalance.

Le colonel Chengriha est sorti de sa Toyota pour voir ce qui se passait. Il m'a ordonné d'aller perquisitionner dans la maison. Avec cinq hommes, j'ai fait irruption dans le domicile du suspect. Soudain, un coup de feu a éclaté à l'extérieur. Je suis sorti en courant. L'homme gisait dans une mare de sang. Le colonel venait de lui tirer une balle dans la tête.

« A-t-il cherché à s'échapper, mon colonel ?

— Ce sont tous des terroristes. Viens, on part !

— J'appelle une ambulance ?

— Non ! Allez, on part. »

Le lendemain, les habitants du quartier trouvaient un cadavre : encore un acte terroriste... Qui était cet homme ? Je ne l'ai jamais su.

Au cours de ce même été 1994, le sous-lieutenant Bouchareb (le neveu du général Mohamed Bouchareb, le directeur du commissariat politique au MDN) et moi-même étions ensemble sur une opération près de Lakhdaria. Alors que je perquisitionnais une maison abandonnée située dans un endroit isolé, je me suis rendu compte que, à la sortie du village mitoyen, un groupe armé tentait de prendre la fuite. Je n'avais pas de souci à me faire : le sous-lieutenant Bouchareb et ses hommes fermaient la sortie du village ; ils étaient postés près du carrefour de Boularbah. J'ai averti mon collègue qu'une Renault Express de couleur blanche se dirigeait vers lui et qu'il devait l'arrêter à tout prix. Le commandant qui coordonnait l'opération à partir du PC lui a demandé de ne pas bouger de son poste.

Mais le sous-lieutenant n'en a fait qu'à sa tête : il a réquisitionné un fourgon pour aller de son propre chef, avec quinze de ses hommes, à la rencontre des quatre terroristes, laissant ses subordonnés au barrage implanté au carrefour. Ses instructions étaient pourtant claires : il ne devait sous aucun prétexte quitter sa position. On devait pousser vers lui les « tangos » afin de les cueillir vivants de préférence En principe, ces derniers n'avaient aucune chance de s'échapper.

Le groupe, dirigé par l'émir Antar (nous savions, par les renseignements du DRS, que c'était lui qui opérait dans cette région), connaissait parfaitement le terrain. De loin, il a vu qu'un fourgon plein de militaires venait à sa rencontre. Les tangos ont alors emprunté un chemin sinueux préalablement piégé par eux (les groupes armés placent toujours des bombes sur les chemins qui mènent à leurs caches). Après une course-poursuite de quelques minutes, le fourgon a atteint, au bout d'un long virage, un cul-de-sac. Les tangos avaient déjà quitté leur véhicule pour rejoindre, à pied, un maquis avoisinant. Ils ont fait exploser à distance trois bonbonnes de gaz enfouies sous terre tout en arrosant la patrouille avec leurs « Klachs ». L'énorme fumée noire qui montait vers le ciel et les cris d'« Allah Akbar » (Dieu est grand) m'ont fait comprendre la catastrophe qui venait de se produire.

Avec quelques hommes, j'ai couru vers le lieu de l'explosion. La scène était horrible : onze cadavres, complètement déchiquetés. Le sous-lieutenant Bouchareb, lui, a eu la vie sauve, ainsi que trois de ses hommes. Il n'a été que légèrement blessé. Le groupe terroriste avait réussi à prendre la fuite, mais aussi à nous massacrer la moitié d'une section. En prenant mon poste-radio, je ne savais plus quoi dire au PC. « Venez vite ! Envoyez des ambulances. » C'est la seule phrase que j'ai pu prononcer. Mes hommes se regardaient, hébétés. Fixant les cadavres du regard, nous nous voyions là, étendus à leur place. En attendant l'arrivée des ambulances, nous avons rassemblé les morceaux de nos collègues morts.

Le sous-lieutenant Bouchareb ne sera jamais sanctionné pour cette faute. Tout le monde savait pourtant que lui et ses hommes étaient drogués ce jour-là. En Algérie, on ne touche pas aux proches des généraux. Il a aujourd'hui le grade de capitaine.

Le 11 juillet, sept étrangers étaient assassinés à Alger. Cette fois-ci, c'étaient encore des Européens de l'Est qui étaient ciblés. La mort n'épargnait plus personne. Tout le monde tuait : les islamistes, les militaires, les gendarmes, les bandits... Dans les rangs de l'armée, même des officiers supérieurs assassinaient. Le cas le plus effroyable que j'ai connu est sans doute celui du colonel Hamana, l'adjoint du général Mohamed Lamari au CCLAS depuis la fin 1992, dont j'ai déjà eu l'occasion de parler (j'avais servi sous ses ordres à Béni-Messous) : un véritable *serial killer*...

La sinistre légende du colonel Hamana

Après avoir fait des ravages à Boufarik et à Blida, en assassinant en plein jour des dizaines de civils, le colonel Hamana, la cinquantaine, avait été nommé début 1994 dans la région de Médéa comme chef du secteur militaire. Cet ancien tankiste, qui avait commandé la 8e brigade blindée, avait demandé à Mohamed Lamari six mois pour « nettoyer » la région. Toujours vêtu de sa tenue de combat bariolée, manches retroussées de jour comme de nuit, été comme hiver, avec sa corpulence, son mètre quatre-vingts et son charisme très particulier, Hamana ne laissait personne indifférent. Il lui arrivait de faire le coup de poing avec ses collaborateurs, histoire de régler les divergences

« d'homme à homme ». À son arrivée à Médéa, il avait demandé à survoler la région en hélicoptère. « Il ne faut laisser ni chien, ni chat, ni mules, ni ânes et... naturellement ni islamistes », telles étaient ses instructions.

Lors d'une opération menée dans les maquis de Médéa quelques jours après son installation, le colonel Hamana avait récupéré une Toyota 4 x 4 tout terrain de couleur blanche. Il l'a envoyée à la caserne de Dar-el-Beida et lui a fait poser un blindage. Quand il a récupéré la fameuse Toyota, il a pris le soin d'inscrire dessus *siyaret el maout* (la voiture de la mort).

Hamana n'hésitait pas à assassiner des civils. Gare aux bergers si, par malheur, ils croisaient sa route, durant les opérations de ratissage. Il les exécutait en personne. Il répétait : « Ces gens-là [les bergers] renseignent les groupes terroristes sur les mouvements de l'armée, tuez-les ! » Et il prenait soin naturellement de récupérer le troupeau et de le revendre. Pour la population locale, le nom de Hamana était devenu synonyme de mort. C'est un groupe des GIA (celui qu'avait dirigé Sayeh Attia jusqu'à sa mort, fin 1994) qui a fini, début 1995, par avoir raison de ce colonel : il a été tué dans une opération près de Berrouaghia. Un capitaine du 25e, qui était présent à la morgue de l'hôpital militaire Aïn-Naadja quand son corps y a été transporté, m'a raconté avoir vu le président Liamine Zéroual prendre dans ses bras le cadavre de Hamana et pleurer...

8

La honte

Conflit entre les clans du pouvoir

En août 1994, cinq gendarmes français étaient tués près de la cité Aïn-Allah à Alger. Ils assuraient la protection de la cité des diplomates. Selon les informations officielles, c'est le groupe de Djamel Zitouni qui était derrière l'affaire : les terroristes, déguisés en policiers, voulaient déposer une bombe, et ils avaient été surpris par les gendarmes, sur lesquels ils avaient tiré.

À Lakhdaria, le collège situé au centre-ville avait été incendié. Le GIA avait diffusé un communiqué enjoignant collégiens, lycéens et étudiants de ne pas revenir dans les établissements scolaires. La rentrée scolaire était compromise.

À cette époque, la situation était pour nous très confuse. En juillet, le président Zéroual avait lancé un appel public à la *rahma* (clémence) : les islamistes armés étaient invités à déposer les armes et à se rendre en échange de l'impunité. Il y avait même des hélicoptères de l'armée qui lâchaient des tracts au-dessus des maquis pour les encourager à la reddition. Mais dans le même temps, nous recevions des ordres d'intensifier les opérations contre les groupes armés. Cela nous paraissait complètement contradictoire et les commentaires allaient bon train dans nos rangs.

En fait, nous avons commencé à comprendre qu'il y avait sans doute un conflit entre les patrons de l'armée et le président Zéroual. Celui-ci avait nommé comme conseiller chargé de la sécurité à la présidence le général Mohamed Betchine, ancien patron des « services » jusqu'en 1990 et ennemi juré de ses collègues Tewfik, Lamari et Touati. En le nommant à ce poste, Zéroual avait donné des ailes à Betchine qui voulait revenir au-devant de la scène. La situation de violence lui avait profité puisqu'il avait créé une société de sécurité et qu'il concluait des contrats juteux avec des responsables politiques locaux, des hommes d'affaires et des caciques du régime. Les armes venaient de la DGSN, puisque Betchine était lié au colonel Ali Tounsi, patron des services de police.

Plus tard, en prison, j'apprendrai qu'à cette

époque la guerre des clans avait commencé quand le général Betchine avait engagé, à partir du printemps 1994, un dialogue avec les dirigeants du FIS alors détenus à la prison de Blida. Une période durant laquelle les attentats se sont multipliés. Il faut préciser que la guerre des clans ne se livre pas en Algérie d'une manière directe : les différents centres de décision s'affrontent de préférence par massacres et assassinats interposés, en général attribués aux GIA. Tout le monde pouvait tuer et coller le crime sur le dos des islamistes. Il n'y avait d'ailleurs pas que le conflit entre le clan du président et celui des généraux : comme je l'ai dit, les différents services du DRS n'hésitaient pas à se faire des coups tordus ; et il arrivait aussi que des unités des services déguisés en islamistes tuent des policiers et des militaires, voire massacrent des civils, pour pouvoir ensuite contacter des groupes de vrais terroristes et les infiltrer ou les éliminer... Plusieurs attentats attribués aux islamistes ont été perpétrés par les différents clans du pouvoir qui se livraient une guerre sans merci. Chacun tentant de décrédibiliser la démarche de l'autre, tous les coups étaient permis. Qui a dit que les chiens ne se mangeaient pas entre eux ?

En septembre 1994, Abassi Madani et Ali Benhadj, ainsi que trois autres responsables du

FIS, étaient élargis par la présidence et placés en résidence surveillée. Abassi Madani appelait à l'arrêt des violences, mais pas Ali Benhadj. On apprendra qu'il avait adressé, depuis sa résidence surveillée, deux lettres à l'« émir national » des GIA, Chérif Gousmi, l'appelant à intensifier les actions terroristes et donnant des instructions sur les « cibles à abattre ». Selon la presse et des collègues venus d'Alger, ces lettres seront retrouvées sur Chérif Gousmi après son élimination par les forces de sécurité à la fin du mois d'octobre. Cette affaire bizarre a reconduit Benhadj en prison et a mis un terme à la tentative de « dialogue » entamée par la présidence de la République.

En octobre, toute la commune de Lakhdaria a été, pendant un mois, plongée chaque nuit dans l'obscurité la plus totale : les groupes armés avaient fait sauter le transformateur électrique. Durant toute cette période, nous avons eu beaucoup de mal à travailler la nuit. Les terroristes pouvaient se déplacer sans être vus.

Le 1er novembre, le général Mohamed Lamari accédait à un grade conçu spécialement pour lui : il devenait « général de corps d'armée ». Après l'échec des « négociations » entre la présidence et les leaders du FIS, Mohamed Lamari a appelé à l'« intensification de la lutte antiterroriste ». J'ai compris alors que l'Algérie allait connaître d'autres morts, d'autres disparus et d'autres drames. La veille, le président Zéroual annonçait la tenue d'une élection présidentielle avant la fin 1995. Le pouvoir était à la recherche d'une légitimité.

La fin de l'année allait être dramatique. Je me souviens ainsi d'une embuscade tendue à une section de mon unité. En mission sur la route de Bouzegza à Bouderbela, ces vingt-deux camarades ont été massacrés par un groupe islamiste qui préparait un guet-apens pour une section de l'infanterie qui empruntait cette route chaque jour, à la même heure. Le hasard a voulu que mes camarades soient à l'heure dite sur cette route. La section initialement visée est restée, sans rien faire, quelques centaines de mètres derrière, laissant les terroristes achever les soldats et prendre la fuite. La milice d'El-Mekhfi, qui venait de se créer (j'en parlerai plus loin), basée à moins d'un kilomètre du piège, n'a pas réagi. En arrivant sur les lieux, quinze minutes plus tard, nous avons demandé au colonel Chengriha de poursuivre les islamistes. Il a refusé...

Dans une autre embuscade, à Bouira, onze soldats du 10e régiment blindé étaient abattus... Lors d'une attaque à Djebahia, douze soldats ivres étaient tués à la sortie de la caserne... Une autre embuscade à Boumerdès, vingt-deux appelés tués... Une embuscade à Thénia el-Hade, au moins dix appelés abattus... La liste est longue. La gendarmerie et la garde républicaine connaissaient également de lourdes pertes.

Fin 1994, nous avons eu un nouveau commandant de secteur : le général Chibane, un autre assassin dont j'aurai l'occasion de reparler. Il remplaçait le colonel Chengriha, qui avait assuré depuis fin 1993 l'intérim du général Medjahed (nommé à la direction de l'académie militaire de Cherchell). Le colonel Chengriha, lui, était muté fin 1994 au commandement de la 8e DB à Sidi-Bel-Abbès et remplacé par le colonel Kadour Bendjimil.

Comme les Français...

C'est aussi à cette époque, l'automne 1994, que j'ai vécu un épisode qui m'a marqué. Un ancien *moudjahid* de la guerre de libération, nommé Omar Haouas, travaillait avec nous : habitant du petit village de Zbarboura, à cinq kilomètres de Lakhdaria, il connaissait très bien la région et les tangos qui y sévissaient. Il m'accompagnait souvent dans des patrouilles de nuit, dont nous ne rentrions que vers 6 heures du matin. Le groupe d'Ahmed Djebri a appris qu'il collaborait avec nous et a décidé de le liquider. Une nuit, ils sont venus à plusieurs et ils ont sorti Omar de chez lui : deux hommes du groupe, cagoulés, ont confirmé que c'était bien lui et Djebri a donné l'ordre de le tuer. Mais le vieux était plus malin qu'eux et il a réussi à s'enfuir. Ils lui ont tiré dessus, le blessant à la main. Le vieil homme a continué à courir jusqu'à ce qu'il tombe sur l'une de nos patrouilles, qui l'a ramené à la caserne.

Il a raconté son histoire au colonel Chengriha et à l'officier de sécurité, en leur expliquant qu'il avait reconnu les deux hommes cagoulés : c'étaient des voisins. Le colonel a immédiatement donné l'ordre de les faire arrêter, ce qui a été fait dès le matin. Ils ont été amenés à la villa et torturés pendant trois jours. Le quatrième jour, le chef du poste de police est venu me dire qu'une vieille femme, accompagnée d'une jeune fille et d'un garçon de treize ans, était devant la porte et demandait à voir un officier. Je suis allé la voir et elle m'a expliqué qu'elle était venue chercher son mari et son fils qui avaient été arrêtés et qui étaient détenus à la villa.

J'ai été très surpris par son assurance, et je lui ai demandé comment elle pouvait être aussi sûre qu'ils étaient là. Elle m'a répondu que, pendant la guerre de libération, cette villa était déjà utilisée par les militaires français qui y détenaient les civils arrêtés (ce que nous faisions nous-mêmes : je dois préciser que c'est à la villa qu'étaient amenées toutes les personnes arrêtées dans notre secteur opérationnel). J'étais vraiment choqué : pour elle, c'était évident, rien n'avait changé depuis plus de trente ans, et elle nous identifiait à l'armée française...

D'une certaine façon, elle n'avait pas tort, puisque nous utilisions les mêmes méthodes que les Français. J'avais vraiment honte de faire partie de cette armée. Bien sûr, la vieille femme n'a jamais revu son mari et son fils, qui ont été liquidés comme bien d'autres.

Des équipements militaires français

Vers la fin de l'année 1994, j'ai appris par des collègues que nous allions recevoir de nouveaux matériels de guerre. Déjà, en 1993, l'aviation avait reçu une dizaine de bombardiers russes Su 24, qui avaient notamment été utilisés pour bombarder au napalm des villages entiers dans la région de Aïn-Defla et à Tekssana (dans la *wilaya* de Djidjel), après l'évasion de Tazoult. Et, en 1994, l'armée avait reçu des véhicules blindés « Fahd », venus d'Arabie Saoudite.

Cette fois, j'ai su que l'aviation allait toucher des hélicoptères français « Écureuil », équipés de matériels sophistiqués de transmission et de vision nocturne. Ces matériels pouvaient transmettre ce que filmaient les occupants de l'hélicoptère vers des postes situés au ministère de la Défense nationale à Alger, au commandement des forces aériennes (à Chéraga) et au commandement des forces terrestres (à Aïn-Naadja) : ainsi, les généraux pourraient suivre en direct, de jour comme de nuit, ce qui se passait sur les terrains survolés par les « Écureuils ». De fait, huit de ces appareils ont bien été livrés début 1995 ; ils seront souvent utilisés dans des opérations, conjointement avec des MI 18 russes.

En 1995, j'apprendrai également que les « gros bonnets » de l'armée avaient reçu des « valises » de communication très sophistiquées, d'origine française, leur permettant, *via* satellite, de communiquer avec toutes les unités du pays. Je l'ai su par un lieutenant du MDN, qui était allé en France suivre un stage de formation sur ces matériels pour pouvoir ensuite former nos généraux. D'ailleurs, pendant toute la période où j'ai été actif, j'ai su que de nombreux officiers avaient effectué des stages en France pour se former à la « guerre électronique » et aux nouvelles techniques de transmission. Et nous avons aussi reçu nous-mêmes des équipements modernes : postes radio Motorola et Philips, lunettes de vision nocturne (d'origine française ou suédoise, disait-on) pour remplacer nos anciennes jumelles russes à infrarouges.

Mais tous les nouveaux équipements n'étaient pas de cette qualité. Ainsi, des unités de l'infanterie et de la gendarmerie ont été dotées d'automitrailleuses légères (AML) d'origine roumaine, qui étaient de vrais désastres : au bout de cinq mois en moyenne, elles étaient définitivement hors d'usage. Et que dire des fameux fusils d'assaut russes Kalachnikov, appelés couramment « Klach » ? C'est en principe une arme remarquablement robuste, d'ailleurs largement utilisée par les terroristes. J'ai beaucoup utilisé, durant mes années de guerre, le modèle le plus connu, l'Akvomat Kalachnikov 47, appelé AK47, avec crosse métallique repliable. Mais celles dont l'armée était équipée n'étaient pas toujours à la hauteur.

En effet, à la fin des années quatre-vingt, l'armée avait décidé d'en fabriquer localement, et elle avait ouvert pour cela une usine à Seriana, près de Khenchla, à l'est du pays. Mais des malversations ont eu lieu dans cette usine, et la qualité des armes qui en sortaient était déplorable. Les militaires ayant utilisé ces fusils *Made in Algeria* se sont rendu compte, lors des accrochages avec des groupes armés, qu'au bout d'une demi-heure de tir leur portée ne dépassait plus les cinquante mètres, alors qu'elle est normalement de près de mille mètres. Nous avons su par la suite que la qualité de l'alliage utilisé pour fabriquer le canon n'avait pas été respectée. Les responsables de l'usine de Seriana, qui avaient économisé la matière première pour mettre la différence dans leurs poches, ne se sont pas souciés des conséquences de leur geste. Les responsables n'ont, naturellement, jamais été inquiétés.

Éliminations et désertions

Les généraux ne permettent à personne de remettre en question leur autorité, c'est pour cela qu'ils n'ont pas hésité à assassiner ou à emprisonner tous les militaires qui s'étaient opposés à la politique d'éradication de l'islamisme et qui ne voyaient pas d'autre solution que le dialogue. Plusieurs généraux ont aussi été mis à la retraite en raison d'un comportement jugé trop religieux. D'autres, justement ceux qui prônaient une réconciliation avec les islamistes, sont morts dans des conditions obscures. Je citerai les cas des généraux Mohamed Touahri (accident d'hélicoptère), Ali Boutighane (attentat) et Fodhil Saïdi (accident de la circulation), tous trois disparus en 1995.

Le général Boutighane a été assassiné fin 1995, à deux pas du MDN ; il n'avait pas de gardes du corps, alors que tous les autres généraux ont des escortes composées de deux, voire trois, sections qui les suivent jour et nuit. Le général Fodhil Saïdi, lui, avait été, durant quelques années, l'un des principaux adjoints de « Tewfik » au DRS. Il a été écarté du service en mai 1994, et s'est ensuite rapproché du duo Zéroual-Betchine alors que la tension était vive entre la présidence et le clan de la haute hiérarchie militaire. Le 7 juin 1995, il est mort, selon le communiqué officiel, dans un accident de la circulation : sa Lancia blindée aurait dérapé suite à l'éclatement d'un pneu. Comment croire qu'un véhicule conçu pour résister à toutes sortes de chocs ait pu se transformer en un amas de ferraille suite à un simple dérapage ?

Mais les pressions des généraux ne se sont pas seulement exercées sur les quelques officiers supérieurs qui étaient en désaccord avec eux. Comme je l'ai dit, dès 1992, le climat au sein de l'armée, où les hommes du DRS soupçonnaient d'islamisme les soldats qui faisaient tout simplement leur prière quotidienne, était très lourd. C'est à mon sens la cause principale des nombreuses désertions survenues tout au long de ces années, et dont l'ampleur a été largement minimisée par le discours officiel. Certes, des militaires ont rejoint les maquis par conviction politique, mais beaucoup d'autres l'ont fait tout simplement parce qu'ils ne supportaient plus la pression exercée sur eux par la hiérarchie.

Je me souviens à ce propos d'une phrase du général Saïd Bey, le commandant de la 1re région militaire, lors d'un briefing qu'il nous a fait à Lakhdaria, début 1994. Elle est restée gravée dans ma tête : « Le lâche meurt deux fois, et le courageux une seule fois. Celui qui ne marche pas avec nous, c'est la prison qui l'attend. Et lorsqu'il en sortira, qu'il prenne les armes s'il veut. Nous saurons le retrouver. » J'ai tout de suite compris le message : ceux d'entre nous qui refuseraient d'obéir aux ordres criminels des généraux et de devenir des tueurs à leur solde seraient des « lâches » à éliminer, nous n'étions que des pions facilement remplaçables... Cela m'a révolté, mais j'ai quand même décidé de rester car la seule alternative était la désertion pour aller au maquis, et donc s'engager dans une autre forme de folie et de violence.

D'autres ont fait ce choix de la désertion. La majorité d'entre eux n'avait absolument rien à voir avec les islamistes. Ils avaient subi trop d'injustices, trop de sanctions injustifiées, trop d'humiliations. Le DRS a d'ailleurs su profiter de cette situation pour infiltrer des groupes islamistes, en organisant de nombreuses « vraies-fausses » désertions. Les islamistes, en accueillant les faux transfuges à bras ouverts, étaient loin de se douter qu'ils comptaient désormais dans leurs rangs des officiers des « services » en mission spéciale.

Les quelques cas que je rapporte ci-après font partie de ceux dont j'ai eu directement connaissance par des camarades officiers des forces spéciales (car nous parlions de ces désertions, même si elles concernaient relativement peu les forces spéciales, dont la plupart des officiers faisaient le sale boulot sans se poser de questions). Mais je sais que, à Berrouaghia, près de Médéa, à Oran, à Constantine, à Laghouat et j'en oublie, des dizaines de militaires, du soldat au capitaine, ont rejoint les maquis. Souvent à cause de la bêtise de leurs supérieurs.

C'est par exemple le cas du sous-lieutenant

Abdelkader Boudjlal, du 25ᵉ RR, parti au maquis en 1993 (il sera abattu, en 1997, par un groupe islamiste concurrent). Le commandant Daoud et le colonel Hamana le soupçonnaient de sympathie avec le FIS. Après le refus du commandant de lui accorder une période de convalescence, jugée nécessaire par le médecin militaire suite à un accident en opération, l'officier a quitté la caserne... pour le maquis. Son départ arrangeait tout le monde, puisque même le colonel Hamana ne supportait plus les refus répétés du sous-lieutenant d'appliquer ses ordres au cours des opérations spéciales. Boudjlal est rapidement devenu un chef de groupe islamiste redouté. Il a mené plusieurs opérations contre les forces de l'ordre, notamment près de Blida et de Chlef. Un jour, il a même osé nous téléphoner, à moi et un autre officier, à la caserne de Lakhdaria, pour nous menacer et se vanter d'être devenu un « super-émir ». Venant d'un ancien collègue, ces menaces et cette arrogance nous ont profondément choqués.

En 1993, un capitaine, spécialiste en explosifs, appartenant à un bataillon de génie de combat basé à Sidi-Bel-Abbès, a été arrêté et torturé par les hommes du CMI de Blida, avant d'être relâché. Il a ensuite déserté après avoir détruit l'arsenal de la caserne. Ce capitaine est devenu, par la suite, instructeur en explosifs pour des groupes armés.

Un autre cas dont je me rappelle est celui du sergent-chef Ali Nedjar, qui faisait partie de mon régiment. Il a rejoint le maquis à Meftah en 1994, après avoir poignardé un capitaine qui l'accusait publiquement d'être islamiste. Deux mois plus tard, une autre unité des forces spéciales l'a arrêté après un accrochage. Il a échappé à l'exécution parce que des anciens camarades de promotion l'ont reconnu et n'ont pas osé le tuer... Il a été condamné par le tribunal militaire à dix ans de réclusion. En novembre 1995, je l'ai croisé dans un couloir de la prison de Blida. Il m'a reconnu et s'est moqué de moi en disant : « Tu vois, nous sommes des terroristes. » Je me suis senti insulté et n'ai plus jamais parlé avec lui. Il doit toujours être emprisonné.

La tête d'un déserteur sur le bureau de Mohamed Lamari

En 1993, dans la caserne de Tindouf, à l'extrême sud-ouest du pays, trois caporaux ont assassiné les gardiens du magasin d'armes avant de s'échapper avec une centaine de Klachs et des munitions. Ils ont rejoint des groupes terroristes. En mars 1994, à Sidi-Bel-Abbès, un sous-lieutenant de la Sécurité militaire a empoisonné plusieurs soldats, et il a enlevé à d'autres la culasse de leurs armes avant de les égorger, avec la complicité de terroristes qu'il avait fait pénétrer dans la caserne. Ils ont vidé l'armurerie puis sont repartis dans le maquis.

Cet officier sera abattu en mai 1995, au cours de l'opération « Aïn-Defla 2 » (menée six semaines après une première grande opération dans la région d'Aïn-Defla, dont je reparlerai plus loin). Mohamed Lamari lui-même avait ordonné au général Saïd Bey, commandant de la 1re région militaire, qu'on lui « ramène sa tête ». Ce qui sera fait : son corps sera décapité et sa tête amenée dans un sac jusqu'au MDN, sur le bureau de Lamari ! J'ai eu la confirmation de cet épisode horrible (connu par ailleurs par la plupart des officiers des forces spéciales) par un officier du DRS que j'ai connu en prison : il travaillait à l'époque au commandement des forces terrestres et tout le monde y parlait de cette scène particulièrement choquante.

De 1993 à 1995, la stratégie du commandement de l'ANP a indirectement permis aux groupes terroristes de récupérer de nombreuses armes et des combattants. Début 1994, avec deux officiers de mon régiment, nous avons fait un recensement de toutes les embuscades survenues dans l'Algérois lors desquelles les tangos avaient récupéré des armes : nous avons estimé que, pour la seule année 1993, plus de sept cents Kalachnikovs et des tonnes de munitions étaient passés de l'armée aux terroristes. Ce qui équivaut à l'armement d'un régiment d'infanterie, soit en principe 1 200 hommes. Les généraux étaient d'ailleurs conscients de cette hémorragie et ils se défiaient de nous : ainsi, fin 1993, on nous a interdit d'emmener en opération des lance-roquettes RPG 7, des armes redoutables qu'ils ne voulaient pas voir tomber aux mains des terroristes. Mais ce manque de confiance nous rendait furieux, car l'absence de cet armement nous gênait beaucoup dans nos opérations, notamment lorsqu'il s'agissait de déloger des tangos qui nous attaquaient à partir d'une position difficile à prendre.

J'ai entendu dire également que plusieurs de ceux qui seront présentés plus tard comme des « émirs » des GIA étaient des déserteurs de l'armée. Ce serait notamment le cas d'Antar Zouabri, qui aurait déserté, en 1993, de la caserne du matériel d'El-Harrach, dans la banlieue d'Alger, où il faisait son service militaire, emportant avec lui son Kalachnikov.

Autre épisode rocambolesque : en 1994, un

capitaine pilote d'hélicoptère, soupçonné d'appartenir au FIS, a été arrêté par les hommes de la DCSA. Détenu au secret pendant plusieurs jours et probablement torturé, il a nié les accusations dont il était l'objet. Il a été relâché et sommé de reprendre son poste, après qu'on a exigé de lui de se taire sur ce qu'il venait de vivre. Le capitaine a rejoint son unité d'affectation à Aïn-Arnat, près de Sétif, une base d'hélicoptères très réputée. Quelques jours après son retour, il s'est envolé, à l'aube, à bord d'un MI 18, un hélicoptère russe de combat. Avant de fuir, il a tiré plusieurs roquettes sur les appareils au sol ; plusieurs ont été détruits et la piste a été sérieusement endommagée.

Nous l'avons appris par la radio, qui nous a alertés sur le danger que représentait cet hélicoptère en fuite. Je crois que les généraux craignaient qu'il s'attaque au MDN, à Alger ! J'apprendrai plus tard, par un capitaine de mon régiment, que le MI 18 a été retrouvé en pleine montagne, près de Djidjel. Quant au pilote, plus personne n'en a entendu parler. Certaines rumeurs disent qu'il a rejoint un groupe armé et qu'il serait toujours vivant. Selon d'autres informations, il serait à l'étranger.

Depuis le début de la guerre, l'armée n'est pas la seule à avoir été touchée par les désertions. Il y en a eu aussi beaucoup dans la police, et certains policiers travaillaient même avec les terroristes, parfois uniquement pour l'argent. Même la gendarmerie, dont la réputation était pourtant meilleure, a été affectée, quoique avec moins d'ampleur.

« Ramenez les têtes ! »

Plus nous combattions les terroristes, plus j'avais l'impression que leur nombre augmentait. Au début, nos chefs nous parlaient de 2 000 hommes... Puis 5 000, 10 000, etc. Et pourtant, au cours des premières années du terrorisme, l'armée et les autres services de sécurité ont certainement tué des centaines d'hommes de la mouvance islamiste armée (et beaucoup plus encore de simples sympathisants et de parents des militants engagés dans la lutte armée). S'il en restait autant, c'est que les groupes continuaient à recruter.

Comme je l'ai dit, nous étions nombreux à penser que c'était la « Société nationale de formation des terroristes », c'est-à-dire l'armée, qui continuait à être le principal agent de recrutement. Ce que je voyais au quotidien n'était pas fait pour nous contredire. Le comportement imposé par les généraux aux forces spéciales creusait toujours plus le fossé entre la population et l'armée. Beaucoup de jeunes Algériens ont dû prendre les armes pour se défendre et défendre leur famille. J'avais de plus en plus l'impression que l'armée les poussait volontairement à se rendre au maquis.

J'ai connu plusieurs familles, à Lakhdaria et ailleurs, qui ont fait ce choix parce qu'elles en avaient assez de subir les descentes et les humiliations des services de sécurité. Car si par malheur une famille comptait un islamiste armé dans ses rangs, elle devait payer pour lui : quand ils n'arrivaient pas à avoir l'individu recherché, les services de sécurité se vengeaient sur les familles. C'est ainsi que, souvent, le père et les frères d'un terroriste montaient eux-mêmes au maquis, pour se venger ou pour se protéger, avant, souvent, de se faire tuer à leur tour. D'ailleurs, la plupart des chefs terroristes connus sont passés à l'action après avoir perdu leurs proches.

Cet engrenage de vengeances et de violences, c'était nous qui l'alimentions par notre sauvagerie : nos chefs avaient fait de beaucoup d'entre nous des égorgeurs professionnels. Quoi qu'on en dise, je ne vois guère de différences entre le comportement des terroristes et celui des militaires. Nous agissions les uns et les autres avec une égale bestialité.

J'ai honte aujourd'hui de le reconnaître : à la suite d'un accrochage, nous ramenions les têtes des terroristes abattus (le reste du corps, on le laissait pour les charognards et autres animaux des montagnes). Nos chefs directs, mais aussi les généraux Mohamed Lamari, Saïd Bey, Gaïd Salah et Fodhil Chérif, nous disaient souvent des phrases du genre : « Vous n'allez pas passer la journée à ramener ces corps jusqu'au PC. Ramenez simplement les têtes. » Pour les terroristes arrêtés vivants, je l'ai dit, les ordres pouvaient être : « Exploitez-les ! » (c'est-à-dire les interroger sous la torture) ou « *Habtouh leloued !* ». Quand il y avait plusieurs tangos, on ne s'encombrait pas à prendre les têtes, on ne découpait que les oreilles.

On ne ramenait le cadavre d'un terroriste que s'il était connu de la population. Il nous est arrivé plusieurs fois d'attacher sur nos véhicules le corps d'un terroriste pour l'exhiber dans les rues de Lakhdaria. Cette pratique de sauvages nous permettait de transmettre le message suivant : « Aucun terroriste n'est invincible ! »

J'étais de plus en plus révolté par ces pratiques et je n'hésitais pas à le dire à ceux qui s'y livraient. Et mes supérieurs s'en rendaient sans doute compte. Mes ennuis allaient devenir sérieux.

9

1995, un tournant dans la guerre

Une nuit de décembre 1994, le nouveau commandant du 25ᵉ RR, le commandant Hocine Salaheddine (il venait de remplacer le commandant Ben Ahmed, qui trouvera la mort quelques mois plus tard à un faux barrage) m'a envoyé en mission de reconnaissance à El-Rich, à deux kilomètres de Bouira, avec l'un de ses capitaines et trois soldats. Nous devions établir le contact avec une section placée en embuscade près de la voie ferrée pour empêcher les groupes armés de saboter cet axe important de transport d'Alger vers l'est.

J'étais inquiet de partir avec seulement quelques soldats dans une zone très dangereuse. D'autant plus que le capitaine Bouchouka, chef d'état-major de notre régiment, qui m'accompagnait, était mal vu du commandement (il était jugé trop musulman par le commandant Salaheddine, qui était un de ses camarades de promotion à Cherchell, et le général Chibane ; et surtout, il disait toujours que nous n'étions pas là pour terroriser ou torturer les civils, mais pour les protéger, et il contestait certains ordres insensés). Je sentais le traquenard. Une fois arrivé sur place, j'ai essayé de contacter l'officier de la section en embuscade. Silence radio. Sorti du véhicule blindé, mon Kalachnikov contre moi, je me suis dirigé vers leur position.

Au milieu de la route, face à la forêt, j'ai été pris sous le feu. Des balles traçantes et des tirs de fusils-mitrailleurs fusaient autour de moi. Je me suis jeté à terre et j'ai hurlé en direction des arbres. L'officier commandant la section, le sous-lieutenant Abdallah Boukhalout, a reconnu ma voix, et il a fait cesser le feu.

Les jours suivants, après avoir parlé avec les uns et les autres, je me suis posé mille questions. Pourquoi le commandant Salaheddine m'avait-il envoyé établir le contact avec l'une de ses sections, alors même qu'il avait ordonné à l'officier qui la commandait d'éteindre ses radios ? Qui était visé par ce coup tordu ? Moi, ou le capitaine ? Ou les deux ?

Je commencerai à comprendre six mois plus tard, quand je serai convoqué au tribunal militaire de Blida pour y être arrêté. Deux jours avant moi, le capitaine Bouchouka sera envoyé, lui, au CMI de Blida. Avant de partir, il m'a adressé une dernière fois la parole : « Ils n'ont pas intérêt à toucher un seul cheveu de ma tête, sinon ils vont le regretter. » Il se sentait menacé. Je n'ai jamais su ce qu'il était advenu de ce capitaine courageux mais trop critique et trop religieux...

Des bombes partout...

À partir de la fin 1994, les terroristes pourchassés ont changé de tactique, dans notre région et ailleurs. Nous avions porté des coups importants à plusieurs de leurs groupes, et il leur était plus difficile de poursuivre leurs embuscades meurtrières, qui nous avaient coûté beaucoup d'hommes. La plupart des groupes se sont repliés dans les montagnes, dans des maquis isolés. Et ils ont alors commencé à utiliser systématiquement une arme de lâche pour instaurer la terreur : les bombes artisanales (des bouteilles de butane ou d'acétylène remplies d'explosif et de mitraille), qu'ils faisaient exploser partout, un seul homme suffisant pour les déclencher à distance. Elles étaient utilisées pour piéger des routes et des ponts (elles explosaient au passage d'une patrouille), des voitures, des maisons et même des cadavres...

Ceux qui n'ont pas vécu cela ne peuvent pas comprendre l'horreur que peut provoquer ce type d'attentat. Imaginez un instant que vous êtes en train de circuler à bord de votre voiture. Subitement, en une fraction de seconde, un grand souffle, tout ce qui est autour de vous vole en éclats... Si vous êtes toujours vivant, vous découvrez l'horreur... Beaucoup d'Algériens ont vécu cela depuis 1995.

Le 19 janvier 1995, une voiture piégée explosait à Bougara, à quelques kilomètres d'Alger, faisant 3 morts et 210 blessés. Onze jours plus tard, au centre de la capitale, un kamikaze fonçait sur le boulevard Amirouche à bord d'un véhicule tout terrain, qui explosait contre l'entrée officielle du siège de la sûreté de la *wilaya* d'Alger, appelé le « commissariat central ». Bilan : 42 morts et 286 blessés. Ces deux carnages n'étaient que le début d'une longue série.

Nous avons eu des morts par dizaines, et des milliers de blessés. J'en ai vu beaucoup à l'hôpital militaire d'Aïn-Naadja, où je suis allé plusieurs fois pour transporter des blessés ou visiter un ami. Je me souviens avoir vu une fois une vieille femme s'effondrer en pleurs devant son fils qu'elle ne pouvait plus reconnaître : le visage bandé, il n'avait plus ni bras ni jambes...

À chaque fois qu'une telle catastrophe se produisait, la rage s'emparait de moi. J'en voulais autant aux terroristes qu'à nos supérieurs, qui nous exposaient souvent de façon absurde à des embuscades que nous aurions pu éviter. Et le pire : après l'adoption de la loi de la *rahma* (clémence), proclamée par le président Zéroual en février 1995, plusieurs fois, j'ai vu des tangos qui se rendaient et qui travaillaient ensuite avec l'armée, alors que je savais qu'ils venaient de tuer certains de mes camarades ou des civils.

À cette époque-là, nous avons beaucoup parlé entre nous de l'« offre de paix » signée par des partis politiques de l'opposition (dont le FLN, le FFS et l'ex-FIS) réunis par la communauté catholique de Sant'Egidio à Rome. Pour nous, cette initiative nous paraissait vouée à l'échec : nous savions que le vrai pouvoir était celui des chefs de l'armée, qui n'accepteraient jamais une telle proposition. Par ailleurs, sur la radio clandestine des groupes armés, *Wafa* (Fidélité), qui émettait depuis la fin 1994 sur l'Algérois, nous avons entendu des déclarations incendiaires qui montraient que les islamistes en armes y étaient également opposés : « Anwar Haddam [celui qui représentait le FIS à Sant'Egidio] ne représente que lui-même ! Il n'a pas le droit de nous représenter et de négocier chez les chrétiens. S'il s'agit de négocier, c'est avec nous qu'il faut le faire, en Algérie, et non pas à l'étranger, avec des partis politiques corrompus, comme le FLN, ou laïques, comme le FFS, qui ne représentent pas le peuple algérien... »

Dans la merde...

Nous étions dans la merde, c'est le moins que je puisse dire. L'anecdote que je vais relater le confirme. En cette période de ramadan 1995, alors que nous entamions le mois de mars, je n'avais qu'une envie : passer des journées tranquilles. Ce n'était pas évident, car les tangos redoublaient de férocité durant ce mois sacré. Selon leur doctrine, celui qui meurt durant le mois du jeûne ira tout droit au paradis. Ils ne reculaient donc devant rien et multipliaient les accrochages avec nous.

Ce jour-là, nous étions à Djebel El-Barda, sur les hauteurs de Lakhdaria, à vingt-cinq kilomètres de la ville. Au petit matin, alors que nous nous préparions à rentrer au PC, notre attention a été attirée par des bruits de pas non loin de nous. Plusieurs tangos passaient à portée de

Klach. Nous avons ouvert le feu sans les toucher, ils ont riposté. Un sergent a dégoupillé sa grenade et l'a jetée dans leur direction, mais la grenade a percuté un tronc d'arbre et est revenue vers nous. « Couchez-vous ! » ai-je lancé à mes hommes. Comme eux, je me suis jeté par terre sans regarder où j'allais tomber. Ce n'est qu'en me relevant que j'ai compris que j'étais tombé avec un soldat dans une fosse servant de toilettes aux terroristes. J'étais dans la merde jusqu'au cou ! De la merde de terroriste en plus. Les tangos que nous avions tenté de neutraliser étaient, eux, déjà très loin.

Énervé par les moqueries et les rires des autres hommes de la section, j'ai rejoint le PC. J'avais hâte de prendre un bain pour me débarrasser de toute cette saleté. Deux jours plus tard, nous sommes revenus à Djebel El-Barda et nous avons abattu trois terroristes. Cette fois, c'étaient eux qui étaient dans la merde...

En cette année 1995, les GIA intensifiaient leur guerre contre l'AIS, la branche armée du FIS que dirigeait alors Madani Mezrag. En mars, un nouvel accrochage avait eu lieu entre les deux organisations, faisant quinze morts de part et d'autre. Nous avions également appris — et nous en parlions beaucoup entre jeunes officiers — que l'AIS avait engagé des discussions avec des hommes de la présidence en vue d'une « solution négociée ». Et que le général Smaïn Lamari, l'adjoint de « Tewfik », avait été chargé par ce dernier de faire capoter cette démarche, qui était à l'époque très mal vue dans les casernes. Comme beaucoup de mes camarades, j'étais en effet convaincu que l'ANP avait les moyens de venir à bout de tous les groupes armés. Mais ce que je voyais sur le terrain me permet de dire avec certitude que le climat d'insécurité arrangeait les intérêts des dirigeants militaires — ce qui est toujours vrai cinq ans plus tard...

Comme je l'ai déjà dit, nos chefs orientaient beaucoup plus notre action vers la répression des civils que vers la liquidation effective des terroristes : ils s'accommodaient très bien de la poursuite des embuscades, faux barrages, attentats, etc. En revanche, quand ils se sentaient eux-mêmes menacés, alors ils employaient les grands moyens, ce qui prouve bien qu'ils auraient pu mettre fin au terrorisme s'ils l'avaient vraiment voulu.

En mars 1995, l'armée a ainsi déployé un impressionnant arsenal autour des maquis d'Aïn-Defla, à environ 120 kilomètres au sud-ouest d'Alger. Nous avions reçu des informations selon lesquelles les tangos se préparaient à attaquer le siège de la 1re région militaire, à Blida. Plusieurs groupes armés se seraient concentrés dans ce but autour d'Aïn-Defla. Les généraux ont pris peur et ils ont décidé de frapper très fort. Pendant une semaine, la montagne a été bombardée par des avions de chasse, des hélicoptères MI 18 et des BM 21, plus connus sous le nom d'« orgues de Staline ». Villages, hameaux et maisons isolées ont été frappés, faisant un millier de morts, dont des centaines de civils (j'estime que le nombre d'authentiques combattants islamistes tués était de l'ordre de cent à deux cents). Cette opération antiterroriste a été largement médiatisée par le pouvoir, ce qui était une première. Mais naturellement, la presse n'a pas dit un mot sur les pertes civiles : pour les journaux, toutes les victimes étaient des « terroristes ».

Le général Saïd Bey, commandant de la 1re région militaire, avait supervisé personnellement les opérations. Il avait installé une tente à la sortie de la ville pour abriter son état-major. Deux fois par jour, un hélicoptère allait lui chercher ses repas à Alger. Un véritable nabab : par un officier d'intendance, j'ai su que, à la fin des opérations, la seule facture en fruits s'est élevée à 280 000 dinars (près de 28 000 francs). Pendant ce temps, les militaires mangeaient des conserves et les civils se faisaient bombarder.

« *Ennemi de Dieu !* »

Le 8 mars 1995, j'apprenais le décès de mon père, qui était déjà malade depuis un an. J'ai eu une permission de quinze jours et je suis allé à Tébessa pour son enterrement. Trois jours après la cérémonie, j'ai reçu un coup de fil incroyable à la maison.

« Tu es Habib ?
— Oui...
— Écoute, salaud, nous savons que tu es là parce que ton père est mort. On sait que tu es un officier parachutiste, que tu travailles à Lakhdaria, ennemi de Dieu ! Tu fais partie de ceux qui nous empêchent d'éliminer ce pouvoir pourri ! Un jour ou l'autre, on va te couper la tête et l'envoyer à ta mère !
— Je suis là : si vous voulez ma tête, venez la chercher !
— Ne t'inquiète pas, on va t'avoir, on va t'avoir ! »

J'ai insulté ce terroriste anonyme et j'ai raccroché. Ensuite, je suis allé faire une déclaration sur ces menaces à la gendarmerie. Je me suis vraiment demandé comment ils avaient eu mon téléphone et comment ils savaient qui j'étais. Car, à l'époque, il n'y avait pratiquement pas de terrorisme dans la région de Tébessa (les gens disaient d'ailleurs que c'était la « Suisse de l'Algérie »).

Un terroriste impuni

À cette époque, un nouvel épisode allait contribuer à me dégoûter plus encore de l'uniforme que je portais. Je venais de commencer ma patrouille en fin d'après-midi quand un automobiliste m'a informé qu'un attentat venait de se produire à quelques kilomètres de Lakhdaria. Je me suis immédiatement rendu sur les lieux avec ma section. Arrivé à l'embranchement de Boularbah, j'ai aperçu deux corps gisant par terre. Ils venaient d'être tués par balles. L'un des hommes avait la quarantaine et l'autre était beaucoup plus vieux. Dans le portefeuille du plus jeune, j'ai trouvé une carte professionnelle de médecin. Son nom me disait quelque chose : Ben Boulaïd. Je n'ai pas fait immédiatement le lien, ce n'est que par la suite que je saurais que c'était le fils du martyr Mustapha Ben Boulaïd, un des héros de la guerre de libération. Le vieil homme tué à ses côtés était un ancien compagnon d'armes de son père. Ils se rendaient à Constantine pour commémorer l'anniversaire de la mort de cet ancien combattant de la révolution.

Quelques semaines plus tard, l'émir Touati qui sévissait dans la région s'est rendu aux autorités pour bénéficier de la loi de la *rahma*. Il a avoué le double assassinat que j'avais découvert. Mais aucune poursuite judiciaire n'a été entamée contre lui, au motif qu'il allait nous servir d'indic. Un soir, le commandant Salaheddine m'a appelé pour me répercuter un ordre du général Chibane : je devais escorter, avec mes hommes, Touati jusque chez lui.

« Pourquoi ? lui ai-je demandé. — Il veut coucher avec sa femme, m'a répondu le commandant. — Va te faire foutre ! » lui ai-je lancé avant de quitter son bureau bruyamment. Je savais que je m'exposais à une sanction, mais j'étais prêt à l'assumer. Heureusement pour moi, le commandant Salaheddine a compris ma réaction et n'a rien fait contre moi. Touati est resté ce soir-là à la caserne et a couché avec son oreiller...

Quelques jours plus tard, par une belle journée ensoleillée, j'avais décidé d'arrêter la patrouille pour effectuer un barrage de quelques heures. Une relative période d'accalmie nous avait permis de décompresser. Nous avons commencé à contrôler les premiers véhicules à hauteur de la zone industrielle, à proximité de l'usine de fabrication de peinture, et à quelques dizaines de mètres de la pompe à essence. Une demi-heure après le début des contrôles, j'ai aperçu un taxi qui s'était garé sur le bas-côté, à une cinquantaine de mètres de nous. Le chauffeur, muni d'un jerrycan, se dirigeait vers la pompe à essence. Je suivais le manège qui paraissait anodin. Ce qui l'était moins, c'était l'attitude des passagers du taxi. Ils sont descendus de la voiture, nous lançant des regards furtifs, et ont commencé à s'éloigner. Je suis monté dans la Land Rover et je me suis dirigé vers le chauffeur : « Que se passe-t-il ? lui ai-je lancé. — Rien, rien ! » m'a-t-il répondu, gêné.

J'ai alors interpellé les quatre hommes qui continuaient de s'éloigner : « Où allez-vous ? » Je n'ai eu aucune réponse, ils faisaient semblant de ne rien entendre. J'ai alors dirigé ma Klach vers eux · « Arrêtez ou je tire. » Ils se sont mis à courir vers l'oued, l'un d'eux a tiré un pistolet et s'apprêtait à ouvrir le feu. J'ai tiré une première rafale et deux d'entre eux sont tombés. Mes hommes étaient entre-temps accourus, et un sergent-chef a tiré une deuxième rafale au moment où les fuyards tentaient d'atteindre l'oued. Le premier, touché par plusieurs balles, est tombé en criant. Le second nous a tiré dessus, mais il a aussitôt été fauché par une autre rafale tirée par un des soldats venus en renfort. Les deux hommes sont tombés dans l'eau et ont été emportés par les courants. Leurs cadavres seront retrouvés une semaine plus tard, à quelques centaines de mètres de là.

Au cours de cette action, nous avons récupéré trois pistolets automatiques (PA) et une grenade. C'est aussi de cette manière que nous nous retrouvions face à face avec des terroristes. Le hasard a maintes fois joué un rôle important dans cette guerre. Quand je sortais en patrouille, je savais que j'allais à la pêche. C'est le même principe que la pêche à la ligne : on peut rentrer avec beaucoup de poissons comme on peut rentrer bredouille !

Diviser pour mieux régner

Le 27 mars, le président Liamine Zéroual annonçait la tenue d'élections présidentielles avant la fin de l'année. Le pouvoir, qui n'avait plus d'institutions élues depuis 1992, voulait retrouver un semblant de légitimité. Après cette annonce, les généraux ont lancé des « campagnes de mobilisation » pour accroître les effectifs de l'armée. En réalité, il fallait que les trois millions d'électeurs qui avaient voté pour le FIS en 1991 soient complètement contrôlés. Placer un maximum de jeunes sous les drapeaux était l'un des moyens d'atteindre cet objectif. Ceux qui avaient terminé leur service militaire trois années auparavant ont été rappelés, ceux qui avaient atteint l'âge de vingt ans ont été enrôlés de force (des gendarmes sont allés les chercher chez eux) et ceux qui devaient terminer leur service militaire ont été retenus. L'armée contrôlait ainsi une bonne partie de l'électorat susceptible de ne pas adhérer à son candidat, Liamine Zéroual. L'électorat du FIS était complètement laminé : les plus actifs étaient emprisonnés ou sous les drapeaux, d'autres au maquis ou tués ; le reste, c'est-à-dire la majorité, vivait sous la terreur.

L'armée avait commencé à prendre le dessus sur les groupes armés et, politiquement, le FIS était mort et enterré. Malgré cette situation qui pouvait présager des lendemains meilleurs, le moral des soldats et des jeunes officiers n'était pas au beau fixe. Les purges déclenchées dès 1992 avaient créé dans l'armée un climat de défiance généralisée, absolument détestable. Le sort réservé aux militaires soupçonnés de sympathies islamistes — systématiquement arrêtés, torturés et souvent liquidés — avait poussé tous les collègues à réviser leurs positions politiques. Cette méthode a été salutaire pour la survie des généraux : ils ont instauré un climat de peur et de terreur qui a vite fait taire les sympathisants du courant islamiste.

Ceux qui, jadis, accomplissaient leurs devoirs religieux étaient montrés du doigt. Ils devaient désormais faire leurs prières quotidiennes en cachette. Dans les casernes, les mosquées ont été fermées les unes après les autres. On ne savait plus si les généraux voulaient combattre l'islamisme ou carrément l'islam, pourtant religion d'État. D'ailleurs, nous rigolions entre collègues en voyant les dignitaires du régime accomplir, les jours de fête religieuse, la prière à la grande mosquée d'Alger devant les caméras de la télévision : ils cherchaient à montrer un visage pieux à une population qui reste en général très croyante (et qui dans sa majorité n'a absolument rien à voir avec l'islamisme radical).

Parallèlement, les responsables de l'armée ont appliqué une politique systématique de promotion de ceux qui pouvaient leur être fidèles, créant de nouvelles habitudes. Le mouchardage, par exemple, autrefois banni dans les casernes, est ainsi devenu monnaie courante : beaucoup de militaires étaient prêts à tout pour avoir un avancement, même à tuer des innocents. Souvent, lors d'opérations menées dans notre secteur, des chefs d'unité ont ainsi froidement assassiné des civils, puis ils annonçaient par radio qu'ils avaient abattu deux ou trois terroristes et récupéré leurs armes (en fait c'étaient des armes récupérées lors d'autres opérations et qu'ils n'avaient pas déclarées). Ces hommes étaient traités par nos chefs en héros, méritant récompense (comme un stage à l'étranger) et promotion au grade supérieur. Parmi ceux qui se comportaient de cette façon, je peux citer les colonels Alaymia (commandant du 18e RPC) et El Oufi (commandant du 11e RIM), mais il y en avait beaucoup d'autres...

Les généraux ont su ainsi diviser les rangs de l'ANP pour mieux régner. Et pour imposer à tous la fiction que le combat mené contre les islamistes s'inscrivait dans la légalité, malgré la sauvagerie des méthodes utilisées.

Cette politique était aussi un moyen de réduire au silence les jeunes officiers révoltés par les pertes de leurs hommes ou de leurs camarades, des pertes qui auraient pu être évitées si nos supérieurs avaient fait preuve de plus de professionnalisme et de sérieux et, surtout, s'ils avaient moins calculé sur le plan politique. La surveillance pratiquée sur l'ensemble des officiers, le verrouillage complet des structures de l'armée ont permis d'étouffer toute velléité de changement : les postes sensibles étaient attribués uniquement aux éléments les plus sûrs et la promotion des autres était retardée voire jetée aux oubliettes.

Ce climat a conduit à institutionnaliser l'injustice dans les casernes. N'importe quel militaire pouvait se retrouver en prison du jour au lendemain. Pour un oui ou pour un non, on pouvait être taxé d'islamiste et subir le pire. Pour se débarrasser d'un collègue, il suffisait de laisser dire qu'il avait des contacts avec des islamistes et le tour était joué. Un désaccord mineur avec un supérieur hiérarchique pouvait se transformer en un rien de temps en une descente aux enfers. À l'extérieur des casernes, les islamistes voulaient nous terroriser, à l'intérieur, les officiers supérieurs nous terrorisaient déjà...

Je dirais également que les dirigeants de l'ANP ont suivi une politique machiavélique avec leurs subordonnés : ils ont cherché à impliquer tout le monde dans les tueries, de manière à ce que chaque soldat, chaque sous-officier et chaque officier ait du sang sur les mains. Ils nous ont donné carte blanche pour qu'on devienne leurs complices. Beaucoup d'entre nous ont accepté et continuent à jouer aux assassins, d'autres ont préféré fuir à l'étranger ou encore déserter pour rejoindre les maquis islamistes.

10

Une armée de barbares

La déliquescence de l'armée

En fait, nous étions en pleine folie. En face de nous, des terroristes se faisaient passer pour des membres des forces de sécurité et, chez nous, des militaires se déguisaient en islamistes pour mener des opérations terroristes qui leur seraient ensuite attribuées. De même, des membres des forces de sécurité ont infiltré des groupes armés et, à l'occasion des campagnes de mobilisation, des islamistes fraîchement recrutés ont déserté en emportant des armes...

Dans ce climat, les hommes de troupe et les sous-officiers n'avaient plus aucune confiance dans les officiers supérieurs. Plusieurs fois, j'ai vu certains de ces derniers les supplier de mener une opération et demander aux lieutenants de les aider à les convaincre... Pour ma part, comme plusieurs autres jeunes officiers, j'ai réussi à garder la confiance de mes hommes : j'étais à leur écoute et je parlais souvent avec eux de leurs problèmes personnels ; et sur le terrain, j'étais toujours là quand l'un d'entre eux était blessé. J'ai pu ainsi gagner leur amitié et je peux dire que c'est grâce à eux que je suis encore vivant. Mais ce comportement ne devait rien à nos supérieurs, dont l'attitude était souvent lamentable.

Je me souviens par exemple d'une fois où, rentrant de permission, un jeune caporal, qui avait la jambe dans le plâtre, est venu me voir : il m'a dit que le capitaine El-Akal l'avait mis sur la liste de garde, alors qu'il était en convalescence et qu'il n'aurait même pas dû rester à la caserne. Je suis allé au bureau pour voir le capitaine, un homme avec qui je m'étais déjà souvent disputé car il méprisait les hommes de troupe et les sous-officiers, qu'il traitait comme des esclaves ; ce lèche-bottes du général Chibane n'avait aucun principe. Je lui ai dit que le caporal était malade et qu'il n'avait pas le droit de l'envoyer à la guérite. Il m'a répondu qu'il n'y avait pas d'autres soldats disponibles. Je me suis violemment accroché avec lui et je me suis débrouillé ensuite pour trouver un remplaçant au caporal.

Trois jours plus tard, j'ai été convoqué par le

général Chibane, au SOB (à Bouira). En présence de mon chef, le commandant Hocine Salaheddine, le général m'a vivement reproché mon comportement avec le capitaine : « J'ai un dossier sur toi qui pourrait t'envoyer directement au tribunal militaire ! Le capitaine El-Akal t'accuse d'encourager les hommes de troupe à se rebeller contre lui, et j'ai des témoignages écrits de sous-officiers qui confirment ses dires ! » J'ai alors dit au général que je ne voulais plus travailler dans cette unité et que je demandais une mutation. « Non ! Tu retournes à ton affectation, et je ne veux plus te voir ! » m'a-t-il répondu. Et bien sûr, tout a continué comme avant...

Conséquence logique de cette politique, une véritable anarchie s'est installée dans les casernes, puisque tout, ou presque, était permis. Nous avions l'impression de devenir des mercenaires : plus de rassemblements, plus de salut militaire, aucune discipline n'était respectée dans les unités des forces spéciales. Nos supérieurs ne se souciaient guère de nos tenues vestimentaires, de l'hygiène ou des apparences.

Des militaires ont appris à racketter les commerçants. Des policiers aussi. De nombreux commerçants ont ainsi reçu la visite d'un « groupe armé » : ils croyaient avoir affaire à de vrais islamistes et ils payaient. Ceux qui refusaient étaient tués et le crime était attribué aux terroristes. Parfois, des mesures disciplinaires ont été prises, mais c'est resté l'exception. Il y a même eu des cas où des policiers ont racketté des commerçants avant de revenir le lendemain pour les arrêter en les accusant de financer les groupes armés !

Au cours de ces années de guerre, toutes les poches, celles des terroristes mais aussi celles de la plupart des officiers et officiers supérieurs, se sont remplies. Lors des perquisitions, tout le monde pouvait se servir en argent, bijoux ou autres meubles. Si les terroristes avaient leur butin de guerre, les militaires avaient le leur aussi.

Les magouilles ont atteint des proportions inimaginables : trafics de voitures volées, de devises, faux billets, drogue, pots-de-vin, et j'en passe, ont permis aux uns et aux autres de faire fortune. L'on se demande, par exemple, comment le général Gaïd Salah, commandant des forces terrestres (CFF), a pu, en 1997, se faire construire une énorme villa de plusieurs millions de dinars, au beau milieu de « sa » caserne, à Aïn-Naadja. Sans parler de tous ces officiers supérieurs qui gèrent, à travers des sociétés écrans et des prête-noms, des milliards de dinars.

La drogue dans les casernes

Un autre aspect de cette déliquescence, que j'ai toujours de la peine à admettre, tant il est contraire à l'image que j'avais de l'institution militaire, est la généralisation de l'usage de la drogue. Je dirais, sans risque de me tromper, que près de 80 % des hommes de troupe et des sous-officiers, mais aussi certains officiers, se droguaient quotidiennement. Souvent, les militaires effectuaient des opérations en étant drogués (c'était aussi le cas de nombreux gendarmes et policiers).

Je me rappelle par exemple une embuscade tendue à des collègues du 91e BPM, en 1994, par un groupe terroriste dans les environs de Cheffa, près de Médéa, qui s'est terminée par un désastre. Après un accrochage de plusieurs heures, quarante militaires ont été tués, dont un commandant et deux autres officiers. Un lieutenant qui avait survécu à cette opération m'a raconté plus tard que la moitié de l'unité était, ce jour-là, sous l'emprise de la drogue. Il paraît que le commandant le savait et n'a absolument rien dit. Cela lui a coûté la vie ainsi que celle d'une partie de ses hommes.

Plusieurs sortes de drogues, dont le haschich, l'ecstasy et l'héroïne, étaient vendues à l'intérieur même des casernes. Ce commerce illégal, qui se faisait au vu et au su de tous, permettait à certains officiers subalternes d'arrondir leurs fins de mois. En général, leurs supérieurs hiérarchiques laissaient faire, car ils étaient souvent impliqués eux-mêmes dans des magouilles beaucoup plus lucratives.

Un jour de novembre 1994, à Lakhdaria, un sous-lieutenant de la DCSA qui était opposé à ces pratiques a décidé de prendre les soldats-dealers en flagrant délit. Il connaissait l'endroit où, le soir, ils se cachaient pour vendre leur came ; c'était le lieu le plus obscur de la caserne. Mais quand il les a surpris, les soldats l'ont attaqué à coups de poing et de pied avant de s'enfuir. Le commandant du 25ᵉ RR, Hocine Salaheddine, a eu vent de cette affaire. Il a convoqué le sous-lieutenant et lui a demandé de ne plus s'intéresser à ce genre de choses.

La drogue la plus demandée par les soldats était surnommée par eux « Madame Courage ». Au sein des forces spéciales, ce produit a presque la même valeur que le Kalachnikov. Comme son nom l'indique, il donne du courage aux soldats quand ils doivent affronter la mort. Et ils en prennent aussi quand c'est eux qui doivent la donner... De nombreuses fois, j'ai vu des sous-officiers de mon régiment sous l'emprise de cette « Madame Courage » : leurs yeux étaient brillants et injectés de sang, ils parlaient plus lentement que d'habitude et ils avaient l'air d'être « ailleurs ». Et le lendemain, souvent, ils ne se souvenaient de rien de ce qu'ils avaient dit ou fait : quand ils étaient dans cet état, ils pouvaient tuer n'importe qui sans même se rendre compte de ce qu'ils faisaient. Le nom de cette drogue était l'Artane[1]...

En général, ceux qui avaient recours aux pilules de « Madame Courage » les prenaient avec de l'alcool. Il faut dire qu'à Lakhdaria tout le monde buvait : les HDT, quand ils étaient au repos dans leurs roulottes (dont ils avaient décoré l'intérieur tout en rouge, lumières comprises), passaient leur temps à boire (du vin, de la bière, du whisky, du pastis...) et à se droguer. Et les officiers supérieurs n'étaient pas en

---

1. Depuis que je suis en France, je me suis renseigné sur cette drogue. J'ai appris que l'Artane est un médicament utilisé pour soigner la maladie de Parkinson ou les effets secondaires des neuroleptiques. Ce médicament, avec d'autres, est souvent utilisé par les drogués quand ils sont en manque (ils l'appellent l'« ecstasy du pauvre ») : pris à fortes doses, il a un effet euphorisant. D'autres médicaments détournés ont des effets similaires, comme le Rohypnol, un tranquillisant dont l'abus fait perdre toute inhibition et vous transforme en « Rambo », ou encore le cocktail de Rohypnol, Valium, Artane et Sonuctane, particulièrement apprécié de certains drogués au Maghreb.

reste : qu'il s'agisse du général Chibane, du colonel Chengriha, des commandants Ben Ahmed et Salaheddine ou de tous les autres, ils se saoulaient systématiquement toutes les nuits au whisky de grandes marques...

Une autre chose étonnante était que beaucoup d'hommes de troupe et de sous-officiers des forces spéciales étaient tatoués. Car, dans notre armée, le tatouage est officiellement interdit. Et pourtant, ils étaient nombreux à se faire tatouer dans les casernes, toujours des symboles guerriers (poignards, aigles, serpents, etc.). Et aucun officier supérieur ne s'en souciait.

Les seigneurs de la guerre

Durant cette année 1995, le pouvoir avait commencé à créer des auxiliaires des forces de sécurité appelés « gardes communaux » et à armer des civils, organisés dans ce qu'il appellera plus tard les Groupes de légitime défense (GLD). Qualifiés de « milices » par les uns et de « patriotes » par les autres, les GLD allaient se rendre coupables de nombreuses exactions à travers tout le pays. Ces derniers se sont attaqués notamment aux familles des terroristes. Il faut dire que la plupart de ces miliciens étaient des voyous, d'anciens prisonniers de droit commun, etc.

Dès lors que le régime a accepté que des civils se substituent aux forces de sécurité, l'Algérie a commencé à sombrer dans l'anarchie. Des villageois effectuaient des perquisitions, des arrestations, des embuscades et des interrogatoires sous le regard amusé de certains officiers supérieurs, fiers d'avoir fabriqué ces monstres qui allaient terroriser les familles de ceux qui avaient osé défier le pouvoir. Après tout, devaient-ils se dire, tant que le peuple s'entre-tue, c'est bon signe.

À Bouderbala, un village proche de Lakhdaria, un ancien *moudjahid*, Zidane El-Mekhfi, avec un groupe de villageois, avait formé fin 1994 l'une des premières milices en Algérie. Ami personnel des généraux Mohamed Betchine, Gaïd Salah et Liamine Zéroual, « le Vieux », comme on l'appelait dans la région, n'avait pas eu beaucoup de mal à se procurer les armes. Il avait conclu un contrat avec la firme pétrolière Sonatrach pour la protection du pipe-line qui traverse la région de Lakhdaria : la Sonatrach donnait l'argent et les véhicules tout terrain, et l'armée fournissait les armes, les treillis et autres matériels de guerre.

C'est ainsi que, à partir de 1995, les villageois de Bouderbala ont commencé à mener leur propre guerre dans toute la région. El-Mekhfi était secondé par son fils Boualem. Au départ, ils avaient à leur disposition trois ou quatre cents hommes. Composée de villageois n'ayant aucune expérience dans la lutte antiterroriste, cette milice ne s'est pas contentée de protéger les villages : elle a aussi traqué les terroristes dans les maquis avoisinants. El-Mekhfi et ses hommes se sont attaqués à tous les villages où des jeunes avaient rejoint le maquis, semant la mort et la désolation sur leur chemin. Ces villageois qui, quelques années auparavant, ne juraient que par le FIS étaient devenus des guerriers prêts à donner leur vie pendant que leur « patron » s'en mettait plein les poches. Souvent, ils en ont profité pour venger de vieilles querelles avec des villages voisins.

Boualem El-Mekhfi, ancien sous-officier des « services » qui avait servi sous Mohamed Betchine avant d'être radié, imposait sa loi à Lakhdaria et nos supérieurs le protégeaient. Un jour, je l'ai surpris en train de maltraiter une vieille femme.

« Que fais-tu ? lui ai-je lancé.
— C'est la mère d'un terroriste.
— Sale chien, va t'occuper de ton champ au lieu d'emmerder les vieilles femmes ! »

Furieux d'être ainsi insulté, il est allé se plaindre à un commandant. Mes supérieurs m'ont alors sermonné. J'ai eu beau leur expliquer ce qu'il faisait, ils s'en fichaient : l'armée avait donné carte blanche aux El-Mekhfi et leurs hommes. Le comble, c'était que Boualem El-Mekhfi se permettait de porter une tenue de parachutiste. Celle pour laquelle tant d'hommes avaient tué ou étaient morts.

L'affaire de la Renault Express

Au mois de mai 1995, mes ennuis avec le général Chibane allaient s'aggraver. Un jour que je l'escortais pour aller à Alger, nos véhicules ont été arrêtés par un barrage tenu par les hommes du 11ᵉ RIM. Beaucoup de voitures de civils étaient arrêtées. Parmi elles, celle d'un « taxieur » qui était pressé et qui voulait dépasser les autres. Alors le général Chibane est sorti de sa Toyota blindée et il s'est approché de l'homme : il l'a sorti brutalement de sa voiture et il a commencé à le frapper en le traitant d'« animal » et autres insultes. Puis Chibane m'a demandé de faire arrêter cet homme ; je l'ai emmené vers les soldats qui tenaient le barrage, et Chibane a bien vu que j'étais furieux de son ordre stupide. Finalement, nous sommes repartis vers Alger et, au retour, je verrais auprès de mes collègues qu'ils avaient relâché le taxieur ; heureusement, Chibane n'en a rien su...

Quelques jours plus tard, j'étais sorti, comme à l'accoutumée, avec ma section pour effectuer une patrouille dans les environs de Lakhdaria. Rien d'anormal à signaler. Les automobilistes sillonnaient la route nationale n° 5, le trafic était assez dense. Nous savions que les tangos se déplaçaient par la route, le matin, dans des véhicules non recherchés. C'est donc au flair qu'il fallait procéder. Un flair qui nous trahissait rarement, grâce à l'expérience acquise sur le terrain au cours de ces dernières années.

Au carrefour de Boularbah, nous avons repéré une Renault Express immatriculée dans la *wilaya* de Rélizane, à environ 350 kilomètres à l'ouest de la capitale. Nous avions instruction de vérifier tout véhicule étranger à notre secteur. J'ai donc soumis le conducteur à un contrôle de routine. Ses papiers étaient en règle ; l'homme, âgé d'une quarantaine d'années, n'avait vraisemblablement rien à se reprocher. Je m'apprêtais à le laisser repartir quand un sergent-chef a attiré mon attention sur une plaque métallique apposée à l'arrière du véhicule et vissée aux quatre coins. Quand nous l'avons retirée, j'ai failli tomber à la renverse : la cache contenait plusieurs liasses de billets de banque ! Questionné, le conducteur m'a expliqué qu'il était commerçant et qu'il s'apprêtait à se rendre à M'sila pour effectuer des achats auprès des grossistes de la région. N'étant pas convaincu par sa réponse, j'ai signalé l'anomalie par radio à mes supérieurs.

« Conduis-le à la caserne ! » C'était la voix du général Chibane, le commandant du secteur, qui m'ordonnait de lui ramener le suspect, au PC du SOB (secteur opérationnel de Bouira) au lieu du siège de notre unité, comme nous le faisions habituellement. Je me suis exécuté. Il est vrai que les terroristes se déplaçaient souvent avec d'importantes sommes d'argent. L'argent du racket et les collectes effectuées auprès de leurs sympathisants permettaient aux groupes islamistes de s'approvisionner en nourriture et d'envoyer de l'argent à leurs familles. Pour moi, cet homme était suspect, d'autant que la somme était importante : 6,5 millions de dinars (environ 650 000 francs).

Arrivé à la caserne, j'ai mené le suspect et le « butin » au général Chibane. « C'est bien, me dit-il, tu peux repartir. » J'ai demandé au général de me signer une décharge, qui mentionnerait l'arrestation d'un suspect portant une importante somme d'argent, comme le prévoit la loi dans pareille situation. « Va te faire foutre ! Tu te prends pour qui ? » Ce fut la seule réponse que j'ai pu obtenir. Je suis reparti en le maudissant. Je me disais que je n'avais pas intérêt à insister. Comme je l'ai raconté, le général Chibane m'avait déjà menacé de sanctions après une précédente réclamation. Cet officier voulait commander des brebis qui ne discutent jamais les ordres quand bien même ils seraient illégaux.

Deux semaines après cette mésaventure, j'ai appris que l'homme de la Renault Express avait été retrouvé égorgé dans les environs de Lakhdaria. La voiture, elle, avait changé d'immatriculation et était devenue un véhicule de service. Quant à la somme d'argent, elle a dû se volatiliser...

L'opération de Khemis El-Khechna

C'est également en mai 1995 que j'ai participé à l'une des plus importantes opérations antiterroristes menées par l'armée. L'objectif était Khemis El-Khechna (dans la *wilaya* de Boumerdès, à une vingtaine de kilomètres de

Lakhdaria), où l'on disait que l'émir Hassan Hattab avait installé un maquis de cent vingt terroristes, comportant de nombreuses casemates. L'opération, dirigée par le général Saïd Bey en personne (le commandant de la 1re région militaire), a duré quatre jours et a mobilisé des moyens considérables, avec des sections et des compagnies de plusieurs unités : la 12e DIM (division d'infanterie mécanisée) a installé un bouclage du côté de Tablat ; du côté de Thenia et Boumerdès, c'étaient notamment les 1er et 2e BFM (bataillons de fusiliers marins) qui étaient engagés ; et de notre côté, il y avait le 11e RIM (régiment d'infanterie mécanisée), les 10e et 23e RB (régiments blindés) et trois sections (dont la mienne) de notre régiment.

Le premier jour, quelques unités ont commencé à pilonner au mortier les objectifs suspects. C'est à cette occasion que huit hommes du 11e RIM, dont un lieutenant, ont été tués par l'explosion d'un mortier et des munitions qui se trouvaient à côté (elles n'auraient pas dû y être). Puis, pendant deux jours, les recherches se sont poursuivies sans résultats, et le général Saïd Bey et les autres chefs sont rentrés à Alger. Mais le troisième jour, vers 17 heures, un sergent-chef de notre unité a repéré un groupe de onze tangos qui s'était installé juste en dessous des trois sections de notre régiment, et qui se préparait visiblement à nous attaquer. Ils avaient mal choisi leur cible : nous les avons accrochés et, après une heure et demie de combat, les onze hommes ont été tués.

Leur chef était Mohamed « El Rougi » (ainsi surnommé car il était roux). Il n'avait qu'une seule arme, un fusil-mitrailleur à canon scié, avec deux cents balles ; ses hommes avaient quatre Klachs, cinq fusils de chasse, un pistolet semi-automatique Mat 49, des grenades et quelques autres accessoires.

Pendant l'accrochage, toutes les autres unités étaient à l'écoute et suivaient sur la radio ce qui se passait. Trois heures plus tard, le commandant Salaheddine a fait son compte rendu par radio au général Chibane. Il était très heureux du résultat, bien que nous ayons nous-mêmes essuyé de lourdes pertes : outre les huit éléments du 11e RIM, nous avions perdu un sous-lieutenant qui venait de quitter Cherchell quatre jours plus tôt (il faisait partie de la vingt-sixième promotion), et un caporal-chef.

Le quatrième jour, le général Bey est descendu sur le lieu des opérations, accompagné du général Fodhil Chérif (le commandant-adjoint du CCLAS) et de plusieurs officiers supérieurs. Le général Chibane l'attendait, comme s'il venait de passer la nuit avec nous. À ses côtés se trouvaient Zidane El-Mekhfi et les hommes de sa milice. Le général Fodhil Chérif et ses collègues sont passés devant Chibane sans même lui rendre son salut et sont allés saluer El-Mekhfi.

Celui-ci a dit à Chérif : « Mon général, si vous m'aviez donné mille hommes bien armés, on n'aurait pas eu besoin de tous ces militaires. » Et le général lui a répondu : « Vous allez avoir toutes les armes nécessaires pour former votre armée. » Quand j'ai entendu ça, j'ai eu envie de vomir tellement j'étais scandalisé. Les corps des terroristes abattus étaient allongés là, avec leurs armes, entourés de tous ces lèche-bottes qui n'avaient pourtant strictement rien fait... Les généraux ont continué à parler avec eux, et ils n'ont même pas demandé les noms des officiers et des soldats qui avaient été tués.

Puis, le général Saïd Bey a dit, en désignant les cadavres : « Voilà les *haloufs* (les sangliers) ! Mettez-les sur les capots de vos voitures et faites-leur faire un dernier tour pour que les civils les voient. » Et il est reparti avec les autres en hélicoptère...

Passeport pour l'enfer

Le 27 juin 1995, j'étais envoyé en mission au tribunal militaire de Blida. J'étais loin de me douter que l'ordre de mission qui m'avait été remis était un passeport pour l'enfer. J'avais fait le déplacement sans savoir de quoi il s'agissait. Je croyais qu'on avait besoin de moi pour un témoignage dans une affaire de terrorisme.

Arrivé devant le procureur militaire de Blida, le colonel Boukhari, je n'ai rien compris à son attitude agressive. Il m'apprenait que j'étais en état d'arrestation : l'armée m'accusait... de vol qualifié. Je croyais que c'était une mauvaise plaisanterie, oubliant qu'au tribunal militaire on ne plaisante jamais. Pendant que je cherchais à comprendre ce qui m'arrivait, le colonel Boukhari a ordonné à un gardien de me désarmer. « Tu es une tête brûlée, tu vas voir de quoi nous sommes capables », m'a-t-il dit.

Le temps s'était arrêté. J'étais en prison... J'étais mort.

11

Mon incarcération

Un procureur militaire aux ordres

Seuls ceux qui ont vécu une énorme injustice peuvent comprendre ce que j'ai ressenti quand j'ai réalisé que j'allais être emprisonné. On se sent vidé, las, dégoûté de la vie. On sent sa poitrine se comprimer, ses jambes fléchir, son cœur s'emballer. On ne sait plus si c'est la réalité ou un horrible cauchemar. On a envie de se réveiller, de crier... Mais on est impuissant, tel un condamné à mort face à la guillotine.

La phrase répétée par le procureur et le juge d'instruction résonne encore dans ma tête. « Tu es un voleur ! », « tu es un voleur ! » : cette accusation gratuite m'a sali. Elle a bouleversé toute mon existence. Je ne l'oublierai jamais.

Aujourd'hui, je ne ressens que dégoût et mépris pour le colonel Belkacem Boukhari, le procureur militaire. Cet officier, soi-disant, représente la justice. Je peux jurer qu'il a envoyé en prison tout au long de sa carrière des centaines d'innocents. À mes yeux, il représente aujourd'hui ce qu'il y a de plus pourri dans l'armée algérienne. Je peux jurer aussi que c'est lui et ses semblables qui devraient être derrière les barreaux.

Je me suis fait une promesse : je m'emploierai toute ma vie à dénoncer ce genre d'individus. Ils sont aussi responsables que les assassins de tous bords du drame qui ensanglante l'Algérie. Un pays où il n'y a pas de justice ne peut prétendre à rien. La justice algérienne a toujours été entre les mains de la junte au pouvoir. N'a-t-on pas envoyé en prison des cadres gestionnaires totalement innocents ? N'a-t-on pas accusé d'honnêtes gens de crimes qu'ils n'ont pas commis ?

On peut penser que j'exagère, que je ne cherche qu'à dénigrer les autorités algériennes. Mais c'est le régime lui-même qui a choisi de donner de ses institutions une mauvaise image. Une justice qui condamne des innocents, une armée qui opprime des civils et des responsables qui font du mensonge et de la manipulation un mode de gestion du pays, sans parler des abus de pouvoir, de la corruption à grande échelle et du clientélisme : toutes ces pratiques sont désormais courantes en Algérie.

Mais le colonel Boukhari n'est en fait qu'un petit rouage de la machine infernale qui continue de broyer le pays. Cette machine que les Algériens appellent le « système ». Quand, sous la présidence de Chadli Bendjedid, le fils de ce dernier, Tewfik, avait été mêlé à l'« affaire Mouhouche », c'est le colonel Boukhari — alors au grade de capitaine — qui, suivant les instructions de Larbi Belkheir, avait blanchi le fils du président. Ce procureur était à l'époque méconnu et c'est à partir de cette affaire qu'il a commencé à gagner la confiance de ses maîtres.

Le procès d'Abassi Madani et Ali Benhadj, en juillet 1992, où il était en charge du dossier des dirigeants du FIS, l'a rendu célèbre. Naturellement, un dossier aussi épineux ne devait pas échoir à des officiers que les généraux ne pouvaient pas totalement contrôler. Il leur fallait quelqu'un qui soit la voix de son maître. Sa docilité lui a ainsi permis de gagner plusieurs galons. Il finira sa carrière à la tête de la direction de la justice militaire au MDN, avec le grade de général (en août 2000, il a bénéficié d'une retraite « amplement méritée » accordée par le président Bouteflika).

Quatre ans de prison !

Mes supérieurs m'ont donc fait l'« honneur » de me faire passer devant ce « magistrat ». Étais-je aussi important ? Pas du tout. Simplement, comme mon dossier était totalement vide, il fallait quelqu'un qui puisse monter l'affaire et la coudre de fil blanc. C'est ce qui s'est produit.

Dépossédé de mon arme et de mes papiers dès mon entrevue avec le colonel Boukhari, j'ai été immédiatement déféré devant un juge d'instruction dénommé Mohammedi. Dans le bureau de ce dernier, j'ai appris que l'armée algérienne m'accusait de « vol qualifié » ! J'aurais, selon eux, volé deux années auparavant un lot de pièces détachées dans une fourrière de Lakhdaria.

Un certain Tadjer, gardien de la fourrière, a servi de témoin à charge. Là aussi, j'ai pu constater à mes dépens tout le cynisme des responsables militaires. Cet homme était en effet le père d'un terroriste notoirement connu dans la région de Lakhdaria et activement recherché. Au cours d'un ratissage, j'avais moi-même tiré sur son fils, sans l'atteindre. Il me connaissait, puisque, avec des collègues, nous nous étions souvent rendus à la fourrière pour l'interroger au sujet de son fils. Par ailleurs, nous y allions régulièrement pour entreposer des véhicules hors d'usage qui avaient servi aux terroristes ou d'autres véhicules brûlés par eux à de faux barrages.

Cet homme a été poussé à faire le faux témoignage qui m'a envoyé en prison. Je ne sais pas ce qu'ils lui ont promis en échange, probablement l'impunité pour son fils. Les magistrats du tribunal militaire de Blida qui, habituellement, n'accordent aucun crédit aux dires des parents des terroristes, se sont contentés du faux témoignage de ce gardien pour m'enfermer durant quatre longues années.

On voulait que je sois emprisonné. Pourquoi ? Parce que j'avais assisté à plusieurs cas de torture. Parce que j'avais donné mon avis sur les exécutions sommaires. Parce que j'avais vu des officiers supérieurs se transformer en assassins. Parce que j'avais refusé d'exécuter certains ordres illégaux. On me surveillait sans que je m'en rende compte. Quand ils ont vu que je ne serais jamais docile, ils m'ont emprisonné pour m'éloigner, pour me faire taire. La seule question à laquelle je n'ai pas de réponse, et qui me tracasse toujours aujourd'hui, c'est : pourquoi ne m'ont-ils pas tué ?

J'ai passé mes premiers jours de détention en isolement à la prison militaire de Blida. C'était une première punition. Au moment de l'interrogatoire par le juge d'instruction Mohammedi, j'étais hors de moi. Je n'acceptais pas ce qui m'arrivait et j'étais décidé à me défendre jusqu'au bout. Mohammedi, lui, ne s'intéressait même pas à ce que je disais. Il voulait seulement me voir avouer un délit que je n'avais pas commis. Le ton est monté et, quand je me suis aperçu qu'il ne servait à rien d'insister sur mon innocence, je lui ai dit que j'avais honte d'avoir porté l'uniforme, pris les armes et combattu le terrorisme dans une telle armée. Et que j'avais mis ma vie en danger pour que des hommes comme lui puissent pratiquer l'injustice en toute impunité. Ces mots m'ont valu un mois d'isolement dans une cellule sombre, sans couverture, où je dormais à même le sol sur un ciment froid et humide. Le directeur de la prison, Abdelhak Aïssiou, sur ordre du juge d'instruction, avait demandé aux gardiens de me « corriger ». Ils se sont acharnés sur moi avec leurs bâtons, me laissant ensuite dans mon sang.

Quelques jours plus tard, l'instruction a repris en présence du directeur de la prison. Cette fois, c'était lui-même qui s'était chargé de me tabasser. Il est venu par-derrière, m'a frappé aux jambes, m'a fait tomber par terre avant de s'acharner sur moi à coups de bâton. Après ce passage à tabac, j'ai marché en boitant pendant plusieurs jours. Pendant l'instruction, il m'avait dit méchamment : « J'attends avec impatience qu'on me ramène des officiers des forces spéciales. Ici, je fais de vous ce que je veux... » Il était dans son royaume et il pouvait effectivement faire de nous ce qu'il voulait. Après être passé par le « comité d'accueil », j'ai été mis dans une cellule avec d'autres détenus.

Puis, un gardien m'a présenté une liste de sept avocats qui étaient habilités à nous défendre, en me demandant d'en choisir un. Comme je ne savais pas comment faire, il m'a dit : « Achète le poisson dans la mer ! » (c'est-à-dire, choisis au hasard). C'est ce que j'ai fait en désignant Me Abdelhakim Khandouki. Lorsque j'ai eu le premier entretien avec lui, en août 1995, il m'a d'abord dit : « Avant toutes choses, je vous précise que mes honoraires sont de 8 000 dinars. » Pour lui, c'était visiblement le plus important. Je lui ai répondu qu'il pouvait téléphoner à ma mère et qu'elle le paierait (plus tard, j'apprendrai qu'il lui avait en fait soutiré 22 000 dinars !). Je lui ai raconté mon histoire, et il m'a expliqué qu'il n'avait pas encore vu mon dossier, mais qu'il reviendrait un mois plus tard.

Dès ce deuxième entretien, j'ai compris qu'il n'était pas différent de Boukhari ou de Mohammedi, que ce genre d'avocat faisait partie des « escrocs autorisés par la loi ». Quand il venait, il demandait à voir dix ou quinze de ses « clients » en même temps, et il ne consacrait que quelques minutes à chacun : il nous traitait comme du bétail. Comme, en réalité, il ne pouvait strictement rien faire ni intervenir dans le dossier, il se contentait d'empocher ses honoraires et de nous apporter de temps en temps des nouvelles de notre famille. Mais pour la loi, j'étais défendu par un avocat. Cette situation était celle de la plupart des autres détenus, sauf les très rares qui avaient les moyens de se payer les services d'avocats célèbres et très bien payés, comme Ali Benflis (celui qui sera nommé Premier ministre du président Bouteflika en 2000) ou Mme Bitat.

Après mon emprisonnement, j'ai très vite su qu'on avait, comme d'habitude dans les tribunaux algériens, ordonné au juge de ne pas me libérer. C'est ma mère qui me l'apprendra lors d'une visite : elle s'était rendue plusieurs fois à la caserne de Lakhdaria pour y récupérer mes affaires personnelles et elle avait alors rencontré le commandant Salaheddine et le capitaine Boudiaf. Ils lui avaient dit que c'est le général Chibane qui avait demandé mon arrestation et qu'il avait décidé que je serais condamné à quatre ans de prison. Les généraux décident de tout en Algérie...

Le jour de mon procès, le 16 avril 1996, le juge Bouchareb s'est contenté de faire la sieste vautré sur son fauteuil, avant de suivre sans discuter les réquisitions du procureur, le commandant Hassan. Mon avocat a bien expliqué que le dossier était entièrement vide et que les procédures normales n'avaient pas été respectées, mais je savais que cela ne servait à rien.

Resté en détention préventive pendant dix mois, j'ai été condamné à quatre ans de prison le jour même de mon anniversaire : je venais d'avoir vingt-sept ans. Quel cadeau ! J'allais faire connaissance avec l'enfer...

Une prison impitoyable

En novembre 1995, avaient eu lieu les élections présidentielles, gagnées par le général Liamine Zéroual. Bien sûr, cela ne nous concernait pas, mais nous en avons, si j'ose dire, entendu le bruit : tous les jours de la semaine qui a précédé le vote, des avions passaient au-dessus de la prison pour se poser à la base militaire de Boufarik. Ils amenaient des milliers de soldats de Béchar, Tindouf et autres lieux, pour assurer le contrôle du bon déroulement des élections. De fait, celles-ci se sont tenues sans encombre et leur résultat a été celui voulu par les généraux. Plus tard, j'ai fait la connaissance en prison d'un commandant d'unité qui m'a raconté que le général Saïd Bey en personne lui avait téléphoné pour lui demander de modifier au profit de Zéroual les résultats des votes dans les localités de la région de Blida où ses hommes avaient assuré la protection des bureaux de vote. Et d'autres détenus me raconteront que, partout, les hommes du DRS avaient trafiqué les urnes ; sans cela, c'est le candidat islamiste (très) modéré Mahfoud Nahna qui aurait remporté l'élection...

Souvent, avec mes codétenus, nous avons évoqué le dégoût et la honte que nous inspirait la forme de notre prison (elle a été construite en 1986) : vue du ciel, elle forme un croissant et l'étoile à cinq branches du drapeau algérien. Des blocs et une muraille, censés symboliser l'Algérie libre, constituaient une Bastille de la honte, où une génération sacrifiée de l'armée est venue s'entasser. Les combattants de la guerre d'indépendance pouvaient-ils imaginer que le drapeau qu'ils ont défendu deviendrait un symbole d'oppression et d'injustice ? Comment dire aux martyrs de notre révolution ce que les généraux ont fait de notre drapeau ?

La prison militaire de Blida est composée de cinq blocs de deux étages chacun. Dans chaque bloc, il y a un hall qui mène tout droit vers les cellules. À chaque étage, il y a dix-huit cellules. La prison est pratiquement le prolongement du tribunal militaire. Quelques mètres seulement séparent les deux bâtiments, situés au bord de la route nationale qui relie Blida à Médéa. Le commandement de la 1re région militaire est situé à quelques centaines de mètres de là.

Les cellules, froides et humides, peuvent accueillir entre quatre et huit détenus. Le bloc de haute sécurité (où sont passés les principaux dirigeants du FIS, le lieutenant Lambarek Boumaarafi, l'assassin de Boudiaf, ou encore le général Mustapha Beloucif) ne peut être visité par les détenus des autres blocs. Quand j'étais à la prison de Blida, 1 200 personnes en moyenne y étaient détenues (cet effectif a varié de 900 à 1 500). Il s'agissait en majorité de militaires, détenus pour des raisons très diverses : refus d'obéissance, désertion, abandon de poste, vols, drogue, etc.

Cette prison est tristement célèbre pour le traitement spécial qui est infligé aux détenus. On dit que l'homme s'habitue à tout, même à l'enfer. J'en ai fait l'expérience. Les gardiens sont impitoyables : des tortionnaires qui prennent plaisir à tabasser les prisonniers. Ce sont de véritables bêtes sauvages. Ils gagnent beaucoup d'argent grâce aux pots-de-vin et à tout ce qu'ils peuvent soutirer aux prisonniers ou à leurs proches. Ce sont eux aussi qui se chargent de « corriger » les détenus récalcitrants : ils mettent à nu leur victime, mains attachées derrière le dos ou pendues à une barre fixe, avant de la fouetter avec des tuyaux ou de la rouer de coups avec un manche à balai ou de gros gourdins. Ils ne s'arrêtent que quand le prisonnier est presque à l'agonie.

Les détenus n'avaient droit qu'à une seule tenue, qu'ils devraient garder tout le temps qu'ils passeraient en prison, hiver comme été, de jour comme de nuit. Nous pouvions nous laver une fois par quinzaine et nous raser une fois par semaine. Une lame de rasoir devait servir à cinq détenus. Nous n'avions pas le droit de faire la prière et nous ne recevions du courrier qu'une fois par semaine, après qu'il eut passé par la censure. Nos repas étaient composés d'une demi-baguette de pain et d'un bol de soupe infecte. Nous avions cinq minutes pour manger dans le « réfectoire ». Passé ce temps, nous étions renvoyés à coups de bâton dans nos cellules. On déjeunait à midi et on dînait à

17 h 30. En dehors de ces deux horaires, impossible d'avoir de la nourriture.

Nous avions droit de temps à autre à une promenade d'une heure et demie dans la cour de la prison. Je marchais en faisant plusieurs tours dans la cour et, quand je n'étais pas trop déprimé, je faisais un jogging. C'était le seul moment qui nous était accordé pour nous dégourdir les jambes.

Durant ces quatre années, j'ai dû puiser de l'énergie au fond de mes entrailles pour rester en vie et, surtout, pour ne pas perdre la raison. Ce qu'on vivait au quotidien était suffisant pour devenir fou. Sans tabac ni café, sans télé ni radio, ni journaux, obligé d'avaler une nourriture qu'un animal n'aurait pas touchée, il fallait, à tout prix, garder le moral... Je ne voulais pas céder à l'angoisse et la déprime. Chaque jour, je me forçais à trouver quelque chose pour occuper mon esprit et me retenir à la vie : faire de la gymnastique, prier, mais aussi lire les livres que j'empruntais à la bibliothèque de la prison (des romans, des livres d'histoire militaire ou de l'Algérie...). Nous jouions parfois au tarot ou à la belote, avec des cartes que nous avions fabriquées nous-mêmes (cela était strictement interdit et, si l'on était surpris par les gardiens, la punition était très sévère).

J'ai aussi passé beaucoup de temps à parler

avec mes codétenus de ce qui les avait amenés là. Et je leur ai promis que, si un jour je retrouvais la liberté, je témoignerais de l'injustice qui règne en Algérie. Je pense que j'ai tenu parole. Quoi qu'il arrive maintenant, je sais que je peux mourir en paix. J'aurais d'ailleurs voulu en dire plus. J'aurais pu le faire si j'avais eu du papier et un stylo pour prendre des notes. Mais avoir un stylo à Blida, c'était aussi grave que d'avoir une arme.

Dans cette prison, les prisonniers sont traités comme des bêtes. Plusieurs d'entre eux ont été castrés, violés, tués. J'ai donc eu la chance, par je ne sais quel miracle, d'en sortir intact. Le directeur de la prison, Abdelhak Aïssiou, répétait aux détenus : « Je suis votre Dieu, je ferai de vous ce que je voudrai ! » Il agissait, en effet, en Dieu. Souvent, il nous envoyait en isolement juste par plaisir. Il nous répétait que nous étions des « parasites » et que nous n'avions même pas droit à la vie. Aujourd'hui, avec le recul, je pense que l'objectif des généraux est de casser les hommes qui entrent dans ce lieu maudit, de faire d'eux des loques humaines. Un objectif hélas souvent atteint.

À Blida, le temps n'existe pas. Ils font tout pour déboussoler les prisonniers. Nous ne savions pas ce qui se passait à l'extérieur et nous attendions les nouveaux arrivants avec impatience pour avoir des nouvelles du monde... Toutes les trois semaines, nous avions droit à un parloir de cinq minutes. Pour avoir droit à plus de temps, il fallait graisser la patte des gardiens. Chaque fois, ma mère devait faire près de mille kilomètres aller-retour pour me voir pendant quelques minutes. Jamais je n'ai pu la toucher ni l'embrasser. J'ai d'ailleurs fini par lui demander de ne plus venir : cela me faisait trop mal au cœur de la voir, à son âge, vivre une telle épreuve.

Avec de telles conditions de détention, plusieurs prisonniers ont tenté de se suicider par pendaison, en avalant une cuillère ou en se coupant les veines avec une lame de rasoir ; certains sont morts, d'autres ont pu être sauvés à temps. Beaucoup de détenus ont fait des dépressions. Ils étaient sous Valium et ont peu à peu sombré dans la folie. J'ai vu des gens se lacérer le corps à coups de lame, en criant. Les gardiens, au lieu de les secourir, leur enlevaient la lame après les avoir maîtrisés et les rouaient de coups. Beaucoup de ceux qui avaient décidé de rester en vie s'étaient juré de rejoindre les maquis islamistes après leur libération...

Injustices en série

Début 1996, le sergent-chef Karmas, l'un de mes codétenus, a été assassiné par des gardiens. Il avait été frappé à mort après une banale dispute avec un gardien. Comme nous avions le même avocat, Me Khandouki, j'ai fait appel à lui pour dénoncer ce qui était arrivé à Karmas. Je lui ai raconté en détail ce qu'il avait subi, comment il avait été roué de coups de bâton jusqu'à la mort. Me Khandouki m'a emmené voir le capitaine Mohammedi, le juge d'instruction, afin que je lui raconte l'histoire. Bien qu'une telle initiative soit dangereuse, j'étais décidé à ébruiter l'affaire. Je n'ai eu droit qu'à une seule réponse : « Il mérite ce qui lui est arrivé ! Je ne lui ai pas demandé de venir ici ! »

L'avocat n'a même pas réagi et il n'a posé aucune question sur les circonstances de l'assassinat de son client : si c'était nécessaire, j'avais là une nouvelle démonstration qu'il n'était pas du tout là pour nous défendre. Quant au juge d'instruction, il m'a, encore une fois, prouvé que la vie des détenus ne valait absolument rien.

Il y avait à l'intérieur de la prison plusieurs

groupes, dont celui des officiers et sous-officiers qui étaient là tout simplement parce que, pour la plupart, ils avaient refusé les ordres illégaux ou absurdes de leurs supérieurs. Avec ces hommes, j'ai beaucoup appris : le fait d'échanger nos expériences nous a permis de résister à la pression exercée sur nous. Il y avait bien sûr aussi des salauds et des voyous, civils et militaires (y compris des colonels), qui avaient été emprisonnés à juste titre, en général pour détournement de fonds : ceux-là n'étaient pas vraiment maltraités par les gardiens, ils étaient même très copains avec eux. Naturellement, c'était notre groupe qui était le plus ciblé. Comme si des instructions avaient été données pour nous rendre la vie difficile.

Les officiers qui, comme moi, avaient été injustement condamnés étaient le plus souvent des hommes de grande qualité, incarcérés pour des fautes qu'ils n'avaient pas commises, ou parfois pour les crimes ordonnés par leurs supérieurs. Certains cas étaient bien plus dramatiques que le mien.

Je peux citer celui du lieutenant Mouloud Rouani, condamné à quinze ans de détention. Il était en poste au 17ᵉ RIM, à Larba. Il m'a raconté qu'en 1996 ses supérieurs (en l'occurrence, le général Saïd Bey lui-même, le commandant de la 1ʳᵉ région militaire, et le commandant du secteur de Blida, le lieutenant-colonel Boubachir) lui avaient donné l'ordre d'emmener six militants islamistes dans un bois pour les exécuter. Le lieutenant et ses hommes ont tué cinq d'entre eux, mais le sixième a réussi à s'échapper. Aidé par des avocats et des amis, le fuyard a plus tard déposé plainte en donnant le nom du lieutenant, son lieu de détention et certaines preuves d'une exécution extrajudiciaire. Au tribunal, le lieutenant a été désigné comme bouc émissaire et il a été le seul à payer. Ses supérieurs ont prétendu qu'il avait agi de son propre chef !

Il faut souligner qu'une telle situation est très difficile pour n'importe quel officier : s'il refuse, il n'a aucun moyen de se défendre, car l'ordre lui a toujours été donné verbalement et il ne peut apporter aucune preuve. L'officier se sent donc obligé de s'exécuter, sous peine de d'être tué ou emprisonné. C'est ce qu'avait fait le lieutenant Rouani.

Un autre officier de la Marine, le commandant Sassi Bounouba, était condamné à trois ans de prison. Il avait été le commandant de la division des sous-marins. En 1993, il avait conduit deux bâtiments jusqu'à un chantier naval russe pour des réparations techniques. Il était rentré par avion à Alger avec ses hommes et, deux ans plus tard, l'équipage était allé récupérer les sous-marins. Après avoir effectué les vérifications techniques, ils avaient été ramenés à leur base à Mers-el-Kébir, à l'ouest d'Alger, en septembre 1995. Une semaine plus tard, le commandant et ses trois adjoints étaient arrêtés sur ordre du général Ghodbane Chabane, qui commandait à l'époque les forces navales : les officiers ont été injustement accusés d'avoir détourné les fonds destinés à la réparation du sous-marin, soit 600 000 dollars. Alors qu'en fait, ils en étaient convaincus, on leur avait fait « porter le chapeau » pour des détournements effectués par certains de leurs supérieurs.

J'ai rencontré également des officiers incarcérés sur « ordre » de... secrétaires particulières de certains généraux, comme celle du général Gaïd Salah, le commandant des forces terrestres. Ces dernières racontaient ce qu'elles voulaient à leur chef à propos d'officiers qui ne leur revenaient pas, et ceux-ci étaient envoyés devant le tribunal militaire. La secrétaire particulière de Gaïd Salah, plusieurs collègues me l'ont confirmé, faisait la pluie et le beau temps au commandement des forces terrestres. Les mœurs de nos généraux sont connues de tous, inutile d'en rajouter...

Un commandant d'une unité de bérets rouges, le 93e BPM, le commandant Limam, avait été emprisonné pour avoir démasqué une affaire de détournement de fonds qui avait eu lieu au commandement de la 2ᵉ région militaire (Oran). Certains de ses propres hommes étaient impliqués. Quand il en a informé le commandant de la région, le général Abderrahmane Kamel, celui-ci lui a donné l'ordre de se mettre aux arrêts simples, c'est-à-dire de passer trente jours en prison au siège de la région, car, lui a-t-il dit, « ces hommes étaient sous tes ordres ». Le commandant a naturellement refusé. Le général Kamel l'a envoyé devant le tribunal militaire pour insubordination et il a été condamné à un an de prison ferme.

Beaucoup de militaires avaient écopé de lourdes sanctions pour des délits mineurs. L'un d'eux avait pris six mois, accusé d'avoir volé... une cuisse de poulet. Il faut dire que la nourriture des simples soldats est plus que déplorable, alors que les officiers supérieurs s'empiffrent du matin au soir. Il est d'ailleurs notoire que, dans l'armée algérienne, plus on monte en grade et plus, à tout point de vue, on pèse lourd ; il n'y a qu'à voir le tour de taille de nos généraux... J'ai connu aussi un capitaine qui en avait pris pour trois ans à la suite de ses études effectuées en France : pour être rentré en Algérie un mois après la fin de ses études, il avait été accusé de « désertion à l'étranger »...

On pourrait penser, vu le nombre de militaires condamnés à purger une peine à Blida, que la discipline est stricte et les sanctions sévères dans l'armée algérienne. Alors que, comme je l'ai raconté, c'est en réalité loin d'être le cas. En fait, il faut comprendre que ceux qui se retrouvent à Blida sont pour la plupart des victimes de règlements de comptes sordides, des « gêneurs » (comme moi) ou des malheureux condamnés pour des broutilles dans le but de faire pression sur les autres et de les obliger à appliquer des ordres illégaux. Alors que ceux qui commettent de graves fautes, mais qui disposent de soutiens bien placés, échappent en général aux sanctions.

C'est le cas par exemple du capitaine Semali (le frère du lieutenant Salim Semali du 12e RPC, dont j'ai déjà parlé), que j'ai connu en 1998. Ce capitaine avait commis une faute professionnelle grave qui avait coûté la vie à vingt et un soldats. Il s'était rendu de sa propre initiative dans une région très dangereuse. Tombé dans une embuscade, il s'était enfui, laissant ses hommes se faire tuer. Les tangos, après ce massacre, avaient récupéré seize Kalachnikovs et un fusil-mitrailleur. Le capitaine Semali n'est resté que quatre jours au tribunal militaire de Blida : il a été très vite relâché, grâce à l'intervention de son ami le capitaine Mourad Lamari, le fils du général Mohamed Lamari.

Le lieutenant Miloud Kahila, un compagnon de cellule, n'a pas eu cette chance. En 1994, il était tombé dans une embuscade à Chréa, près de Blida. Il a résisté avec ses hommes. Bien que n'ayant subi aucune perte, le lieutenant Kahila a été traduit devant le tribunal militaire pour... avoir perdu le contact radio avec ses hommes au cours de l'accrochage. Cela lui a coûté quatre années de prison : il a été accusé de « désertion devant l'ennemi ».

Mais ses malheurs ne se sont pas arrêtés là. Comme tous les autres prisonniers, sa solde a été suspendue pendant son incarcération. Sa femme et ses deux enfants ont été expulsés de leur logement de fonction. Sa famille s'est retrouvée sans ressources et l'un de ses fils est mort des suites d'une maladie bénigne : son épouse, sans ressources, n'avait pas pu le soigner. Le lieutenant Kahila ne l'a appris qu'à sa sortie de prison, en 1999, comme il me l'écrira...

On peut comprendre, devant de telles injustices, que bien des officiers emprisonnés aient décidé, après leur libération, de rejoindre les groupes armés. J'aurais pu citer des dizaines d'autres cas, mais il faudrait pour cela un autre livre...

Les damnés de Blida

J'ai passé quatre années en enfer. Il m'est difficile de les raconter en détail. M'en souvenir est déjà pour moi une grande souffrance. J'ignore si les organisations internationales de défense des droits de l'homme ont déjà essayé d'enquêter sur les conditions de détention à la prison militaire de Blida. Si elles s'y intéressent, elles en apprendront beaucoup sur les « spécificités » du régime algérien, qui se donne les allures d'un pouvoir légaliste et respectueux des droits de l'homme. Mais je crains que personne ne se soucie de savoir comment vivent les prisonniers de Blida. À Alger, on les considère comme les damnés de la terre. Ailleurs, je crois qu'on ne connaît même pas leur existence...

Quelque temps avant ma libération, un étrange individu a été placé dans ma cellule. Une semaine plus tard, il essayait de me poignarder. J'ai eu la vie sauve grâce à l'aide de codétenus qui sont intervenus. Dans un élan d'énervement, j'ai failli à mon tour commettre l'irréparable. Dieu merci, mes amis m'en ont empêché. Je ne comprendrai jamais cet incident, ni comment ce jeune homme de vingt ans a pu détenir une lame sans que les gardiens s'en aperçoivent. J'ai passé mes derniers jours de prison en isolement, alors que mon agresseur n'a même pas été inquiété.

12

Partir à tout prix

Sous la surveillance du DRS

Le 27 juin 1999, quatre ans jour pour jour après mon incarcération, j'étais enfin libre. Le jour de ma libération, j'apprenais qu'un soldat venait d'être tué dans une embuscade près d'El-Aouana et qu'un policier avait été assassiné à Tizi-Ouzou. Décidément, rien ne semblait avoir changé sur le plan sécuritaire.

J'ai d'abord été consigné trois jours dans une caserne à Blida, puis on m'a accordé une permission de trois semaines et je suis parti à Tébessa pour voir ma famille. J'avais hâte de retrouver les miens. Le jour même de mon arrivée à la maison, le lieutenant Abdelhak, qui avait été entre-temps muté à Sidi-Bel-Abbès avec le grade de capitaine, m'a appelé au téléphone. Comment pouvait-il savoir que j'étais sorti de prison ? Il essayait de connaître mes projets. Je suis resté très évasif : « Je vais surtout me reposer. »

Ce coup de fil m'a permis de comprendre que les militaires n'allaient pas me lâcher. D'ailleurs, quelques jours plus tard, je recevais la visite d'autres officiers du DRS travaillant à Tébessa. Eux aussi voulaient savoir ce que je comptais faire, ils m'ont même proposé de m'aider à reprendre l'uniforme et de travailler avec eux. Je leur ai simplement répondu que j'allais réfléchir et qu'il me fallait d'abord rester en famille pour retrouver mes repères. Leurs va-et-vient allaient toutefois devenir réguliers et je me sentais épié...

À ma sortie de prison, j'avais demandé qu'on me remette mon livret militaire et j'avais fait une demande de radiation. J'attendais la remise de ce précieux document. Reprendre l'uniforme ? Jamais... Ils m'avaient eu une fois à vingt ans, ils ne m'auraient pas à trente. J'avais perdu dix années de ma vie. Dix précieuses années parties en fumée...

Dès la fin de l'été 1999, j'ai engagé des démarches pour obtenir un passeport. Pendant cette période, j'ai fait plusieurs allers et retours entre Tébessa et Alger, avec deux objectifs : récupérer mes papiers militaires et obtenir un visa pour le monde libre. Je devais être très prudent, car les officiers du DRS ne cessaient de me surveiller. Les responsables qui m'avaient envoyé en prison avaient sans doute peur que je rejoigne les maquis ou que je cherche à les assassiner. Ils se sont méfiés de moi, parce que tout le monde savait que j'avais été victime d'une machination. Même les officiers du DRS qui m'ont proposé de les rejoindre m'ont dit qu'ils savaient que j'avais été injustement emprisonné. J'ai compris en tout cas qu'ils tentaient de m'avoir par les sentiments. Mais comme je sais que ces gens-là n'ont pas d'amis, je n'ai rien laissé paraître. Même quand ils me provoquaient pour voir si, une fois énervé, j'allais proférer des menaces, je m'efforçais de rester impassible.

Cela dit, j'étais très inquiet pour ma sécurité. S'ils s'étaient doutés de quoi que ce soit, ils n'auraient pas hésité à m'éliminer. Je me savais dans la ligne de mire d'un quelconque tireur isolé. À Tébessa, on savait que j'étais militaire. L'armée comme les terroristes pouvaient très bien m'assassiner. Dans tous les cas, on aurait attribué mon assassinat aux GIA. « Un ancien para tué par un groupe terroriste » : un tel titre dans un journal n'aurait choqué personne. C'est dire que jamais je ne m'étais senti autant en danger.

Les faux repentis de la « concorde civile »

En sortant de prison, je me suis rendu compte à quel point j'étais déphasé. Les gens utilisaient des téléphones portables, de nouveaux modèles de voitures circulaient, de nouvelles entreprises privées avaient été créées, d'immenses villas avaient été construites...

Les attentats, certes moins nombreux qu'avant mon incarcération, continuaient. Dans la région de Tébessa, on apprenait de temps en temps que des policiers étaient abattus, ou des civils lors de faux barrages. Des morts, encore des morts. Pendant ce temps, le pouvoir ne cessait de répéter que le terrorisme était vaincu. Lequel ?

La violence était toujours là, mais j'ai compris que certains n'avaient pas perdu leur temps. Alors que je risquais ma vie, avec mes camarades, à Béni-Messous, à Lakhdaria et ailleurs, alors que j'étais injustement emprisonné, d'autres s'en étaient mis plein les poches. Il y avait beaucoup de nouveaux riches. Des militaires, des policiers, des gendarmes, des douaniers, des miliciens, des islamistes, des hommes politiques s'étaient enrichis par je ne sais quel miracle pendant ces années de guerre. Ce sont sans doute eux les vrais « patriotes ». Le business de la guerre avait bien fonctionné...

En prison, j'avais appris l'élection à la présidence, en avril 1999, d'Abdelaziz Bouteflika, que tout le monde appelle l'« homme qui parle sans rien faire ». Quelques jours après ma libération, le 5 juillet 1999, fête de l'indépendance, j'apprenais dans la presse que le nouveau président appelait à la « réconciliation nationale ». Il décidait de gracier par là même des milliers d'islamistes. Naturellement, à la prison de Blida, personne n'a été gracié. Nous avons été le bras armé du régime. Après nous avoir utilisés, après avoir brisé notre jeunesse et gaspillé notre vie, le régime nous a jetés aux oubliettes. Je me suis dit pour me consoler qu'on ne pardonne qu'aux coupables. Beaucoup de ceux qui sont à Blida n'ont pas besoin de pardon, parce qu'ils n'ont absolument rien fait.

Le nouveau président voulait faire sa « concorde civile », alors que les attentats, les magouilles et les manipulations continuaient. Il est vrai qu'il y a eu des « redditions », mais beaucoup de ces repentis que j'ai vus à la télévision ne ressemblaient pas du tout à ceux que j'avais vus dans les maquis. En blaguant avec un ami, je lui disais qu'ils n'étaient que les éplucheurs de pommes de terre recrutés par les groupes armés.

Mais je suis aussi absolument convaincu que certains des « repentis » étaient des agents que les services avaient infiltrés dans les groupes armés et qui revenaient maintenant à leurs affectations d'origine... En effet, quand j'étais en opération à Lakhdaria, plusieurs fois, les lieutenants Abdelhak et Zouhir, du CMI, m'avaient expliqué qu'ils avaient des hommes à eux qui « activaient » au sein des groupes armés, soi-disant pour leur ramener des informations. En fait, je n'ai jamais eu connaissance d'une seule information qui serait venue par ce canal (celles que nous obtenions sur les groupes venaient surtout des rares civils dont nous avions pu gagner la confiance). C'est pourquoi j'en ai déduit, comme beaucoup de mes camarades, que le rôle réel des « agents » du DRS infiltrés dans les groupes terroristes était de pousser ceux-ci à multiplier les massacres et les attentats, au profit du « système » (nous disions souvent : « C'est le "système" qui veut ça ! »).

Reste qu'il y a eu aussi d'authentiques assassins qui ont été graciés à l'occasion de la « concorde civile », et dont beaucoup, comme l'a rapporté la presse, ont commencé à collaborer avec les forces de sécurité pour « traquer les GIA ». C'est ce qui m'a le plus écœuré avant de quitter mon pays. J'avais passé quatre années de prison sans avoir commis aucune faute et je voyais que le pardon était accordé à des criminels. Les dirigeants algériens le prouvaient encore une fois : ils ont un droit de vie et de mort sur les citoyens. Ils emprisonnent et tuent qui ils veulent quand ils veulent, et ils accordent l'impunité à qui ils veulent quand ils veulent. Le propre des tyrans. Il ne faut pas se faire d'illusions : il n'y a pas de loi en Algérie. Il est vrai que Bouteflika et ses maîtres peuvent pardonner. Ils n'ont rien subi eux-mêmes, au contraire ils ont fait subir à la population ce qu'aucun être humain ne peut supporter. Ils nous ont poussés à accepter l'inacceptable. Et malgré plus de 150 000 morts, ils sont toujours là avec leurs privilèges.

En novembre 1999, Abdelkader Hachani, l'ex-leader du FIS, était assassiné à Alger. Comme d'habitude, les services de sécurité ont arrêté le « coupable ». Ce dernier a fait des aveux télévisés et le dossier a été classé. Le scénario classique ! Ainsi, les assassinats politiques se poursuivaient. Cette situation me poussait encore plus à partir : il n'y avait plus aucun espoir pour moi d'être à l'abri en Algérie.

Des « officiers libres »

Les gens parlaient d'Internet. Un mot qui m'était complètement inconnu. J'ai appris que des officiers qui avaient déserté en Europe dénonçaient les crimes des généraux par ce canal. En prison, j'avais entendu parler de cette dissidence, mais je n'y croyais pas trop. Ce n'est qu'une fois arrivé en France que j'ai connu l'existence du Mouvement algérien des officiers libres (MAOL). Ce mouvement dit vouloir recueillir des preuves pour traduire certains généraux algériens devant un tribunal militaire pour assassinats d'officiers, corruption, détournements de fonds et abus de pouvoir. J'ai su que, depuis 1998, ils dénoncent les pratiques du régime sur les sites, désormais célèbres, www.anp.org et www.eldjeich.org.

À Alger, on accuse les animateurs de ce mouvement de collusion avec les groupes terroristes, mais je n'y crois pas. Je ne les connais pas directement, mais j'ai parlé au téléphone, à partir de Paris, avec certains d'entre eux, et ils ne m'ont jamais donné l'impression d'avoir des penchants islamistes. L'un d'eux m'a clairement dit qu'ils condamnaient aussi fermement les atrocités commises par les islamistes que celles des militaires. Pour être tout à fait clair, je dirai que je n'appartiens pas au MAOL mais que je partage son combat, dès lors que celui-ci s'inscrit dans une logique pacifique et dans le respect du droit. Pour l'instant, je suis convaincu que c'est le cas.

J'ai appris aussi que le pilote Allili Messaoud, dont la désertion spectaculaire, en 1997, a été largement médiatisée, s'était envolé à bord de son hélicoptère vers l'île d'Ibiza en Espagne, où il est depuis réfugié politique. Il ne voulait plus participer à des opérations où des civils sont tués. J'ai vu un de ses témoignages sur cassette vidéo et je comprends parfaitement son état d'esprit. Quand j'étais opérationnel, j'ai moi-même souvent vu des hélicoptères bombarder des cibles civiles. Les pilotes suivaient les instructions.

Je me rappelle qu'une fois, à Lakhdaria, alors que nous avions encerclé un groupe armé dans un village, un hélicoptère venu en renfort avait tiré ses roquettes sur les maisons des civils. Cette fois-là, c'était par erreur. Ce qui est choquant, c'est que, à la suite de cette opération, les officiers coupables de la bavure n'ont jamais été inquiétés.

Un visa pour l'exil

Il m'a fallu plusieurs mois de tracasseries administratives pour récupérer mon livret militaire et ma radiation. Grande a été ma surprise quand je me suis aperçu que j'avais été dégradé au grade d'homme de troupe, c'est-à-dire simple soldat, avant même ma radiation. La décision de ma dégradation et ma radiation ont été antidatées. Je ne pouvais prétendre à aucun droit. L'ANP avait soldé son compte avec moi. Mais je m'en moquais : j'étais satisfait d'avoir retrouvé mon indépendance. Je ne portais plus cet uniforme dont j'avais désormais honte et c'était l'essentiel.

J'ai pu aussi, grâce à mes connaissances, obtenir un passeport dès le mois d'octobre 1999. Il ne me restait qu'à décrocher un visa pour partir en France. Je connaissais le fils d'un haut responsable militaire. Je savais qu'il traficotait dans les histoires de visas avec certains de ses amis. Je lui ai donné 6 000 francs français. Un mois plus tard, j'avais mon visa. C'est une réalité, le visa pour la France se vend à Alger. Libre aux autorités françaises d'enquêter...

Il faut le savoir, il existe d'importants trafics

de visas pour l'étranger à Alger. Ces trafics sont directement contrôlés par des généraux au plus haut niveau. Leurs gardes rapprochées ou leurs enfants leur servent souvent de rabatteurs. Et ils négocient ensuite, avec des fonctionnaires corrompus des ambassades concernées, de « vrais-faux » visas (qui comportent un numéro de vrai visa déjà accordé légalement à quelqu'un d'autre et dont le nom est changé). Selon la durée du visa, le tarif varie de 6 000 à 10 000 francs — car c'est en francs, et non en dinars, qu'il faut payer. Ces trafics juteux fonctionnent surtout vers quelques pays : la France, l'Espagne et l'Italie, et plus récemment la Grèce. En revanche, il est beaucoup plus difficile d'obtenir des visas pour les États-Unis, l'Angleterre ou l'Allemagne (mais beaucoup de gens savent qu'une agence de voyages d'Alger, qui vend des billets pour l'Angleterre ou les États-Unis, peut aussi obtenir illégalement, à des prix de 10 000 à 15 000 francs, des visas pour ces pays).

C'est donc au terme de plusieurs mois de préparation que j'ai pu quitter l'Algérie. Je voulais sortir avec mes papiers militaires pour pouvoir prouver mon identité à l'étranger. J'étais certain qu'il fallait que je donne le maximum de preuves aux journalistes et autres membres d'ONG pour être écouté.

Pour quitter l'aéroport, il fallait m'assurer de pouvoir passer sans problème. J'ai dû payer 2 000 francs. Un juge d'Annaba, qui m'a été présenté par un ami, s'est chargé de me faire passer les guichets de la police de l'air et des frontières sans problème. Il était, avec le commissaire de l'aéroport d'Annaba, habitué à ce genre de business. J'ai quitté l'Algérie comme une lettre à la poste. Mes bagages n'ont même pas été fouillés. J'aurais pu très bien monter à bord de l'avion avec des armes ou une bombe.

Quand l'avion a décollé, je pensais avoir laissé derrière moi mes souffrances, la guerre et ses horreurs. Je me suis bien vite rendu compte que ce n'était pas le cas. Je reste aujourd'hui hanté par ces souvenirs affreux. Chaque fois que j'entends à la radio qu'il y a un attentat, un massacre ou une bombe qui a explosé en Algérie, mes démons se réveillent et me renvoient à ce que j'ai vécu à Lakhdaria, Béni-Messous ou Boufarik.

Arrivé à Marseille le 7 avril 2000 avec 1 000 francs en poche, je suis passé successivement par Annecy, Nîmes et Lyon avant d'atterrir le 11 avril à Paris. La France était pour moi un pays inconnu.

J'avais en ma possession les coordonnées de toutes les ONG qui se chargent de recueillir des informations sur l'Algérie. J'ai pris contact avec elles. Parallèlement, j'ai fait la connaissance de plusieurs journalistes à qui j'ai raconté mon histoire. Certains m'ont cru et ont tout fait pour médiatiser mon témoignage, d'autres ont pensé que je tentais de les manipuler et ont vite fait de tourner les talons. En tout état de cause, cette expérience m'a permis de découvrir que certains médias français sont loin d'être aussi libres qu'ils le prétendent. Peut-être certains ont-ils des intérêts économiques à défendre du fait de leurs relations avec le régime d'Alger ? Des intérêts qu'ils ne veulent pas mettre en péril en publiant le témoignage d'un militaire algérien. D'autres ont peur de se voir refuser l'entrée en Algérie. Et enfin, il y a ceux qui ont des idées toutes faites et des opinions tranchées. Pour eux, il n'y a en Algérie que les islamistes qui tuent. Un jour, l'histoire leur prouvera le contraire et leur montrera qu'ils ont été les complices de criminels.

Mes premiers mois en France ont été très difficiles. Sans logement, sans papiers, sans ressources et sans perspectives, j'ai vécu — et je vis encore au moment où j'écris ces lignes — avec une terrible pression. Mes frères et ma mère ont été inquiétés et intimidés par les services de sécurité à Tébessa. Mes amis aussi. Certains d'entre eux ont été arrêtés et interrogés à mon sujet avant d'être relâchés. Plusieurs fois, j'ai pensé revenir en Algérie. Des amis en France m'ont convaincu qu'un retour serait synonyme de suicide.

Je suis resté. Et cinq mois après avoir déposé mon dossier à l'OFPRA, j'ai obtenu en novembre 2000 le statut de réfugié politique. Je ne sais pas de quoi mon avenir sera fait, et je suis déchiré de ne pouvoir vivre dans mon pays. Mais je suis décidé à aller jusqu'au bout : je veux me battre pour que ces généraux criminels qui ont brisé ma vie et tué des dizaines de milliers de mes compatriotes soient un jour traduits en justice et qu'un tribunal international les condamne.

Des massacres prémédités

Pendant que j'étais en train d'écrire ce livre, a été publié en France celui de l'un des rescapés du massacre de Bentalha, Nesroulah Yous[1]. Un important débat s'est alors engagé dans les médias français et algériens sur les grands massacres de villageois qui avaient eu lieu à Raïs,

---

1. Nesroulah Yous, *Qui a tué à Bentalha ? Algérie, chronique d'un massacre annoncé*, La Découverte, Paris, 2000.

Bentalha, et ailleurs, en 1997, au cours desquels l'armée, pourtant présente à proximité, n'était pas intervenue.

Lorsque j'étais en prison, j'avais évidemment entendu parler de ces massacres et, en discutant avec certains collègues, j'avais acquis la conviction qu'ils avaient été perpétrés par des groupes manipulés par l'armée. Ayant travaillé plus de trois ans avec les « services », je sais très bien que certains groupes du GIA sont directement manipulés par eux, sans qu'ils le sachent parfois eux-mêmes. Par ailleurs, comme je l'ai expliqué, il était fréquent, depuis 1993, que les unités des forces spéciales reçoivent des ordres exprès de ne pas poursuivre des groupes terroristes pourtant identifiés ou de ne pas bouger de leur position tant qu'un ordre ne serait pas venu. En prison, j'ai su par un capitaine de l'infanterie que le général Mohamed Lamari avait même, en 1997, adressé une note écrite à toutes les troupes leur donnant l'ordre de ne sortir la nuit sous aucun prétexte (soi-disant pour des raisons de sécurité), sauf ordre contraire de sa part. Nous étions nombreux à penser que le véritable but de ces ordres était de laisser les groupes terroristes (dont certains étaient manipulés par le DRS) assassiner impunément des citoyens sans défense.

Concernant le massacre de Raïs, survenu le

28 août 1997, j'ai appris des détails particulièrement révélateurs par un camarade de promotion — dont je ne citerai pas le nom, même s'il a été radié depuis, qui avait été incarcéré à Blida deux mois après les faits pour « refus d'obéissance ». Ce lieutenant m'a raconté que, ce soir-là, il commandait une section d'une trentaine d'hommes dans le détachement qui était chargé d'assurer la protection du village (il faisait partie du 772e régiment de fusiliers de l'air). Normalement, ce détachement comportait cent cinquante éléments. Mais quinze jours avant le massacre, les effectifs sont passés à... trente, sur ordre du commandement ! Je ne pense pas que ce soit une coïncidence.

Mon ami m'a raconté que, durant le massacre, il avait demandé du renfort à maintes reprises. Ces derniers étaient à une quinzaine de kilomètres, mais ils ont mis... cinq heures pour arriver. Les assaillants étaient déjà loin. Il m'a expliqué que les villageois étaient venus pour demander de l'aide et qu'il était impuissant devant cette situation : qu'aurait-il pu faire, ignorant tout de la force des terroristes ? Il n'a pu faire rentrer dans son détachement que les femmes, les enfants et quelques hommes qu'il connaissait de vue, parce qu'il craignait que des terroristes ne s'infiltrent dans la caserne avec les villageois.

Il est sans doute difficile à un civil de comprendre cette attitude, mais celle-ci ne me paraît pas anormale. La tactique militaire nous impose en principe de protéger d'abord la vie de nos hommes, puis d'évaluer la force de l'adversaire et d'attendre l'ordre d'intervention. Si celui-ci ne vient pas, on ne peut rien faire, sauf à prendre une initiative personnelle.

Cela dit, je reste convaincu que les généraux sont derrière la tuerie de Raïs et celle de Bentalha, trois semaines plus tard : dans les deux cas, les assaillants étaient sûrs — les survivants les ont entendus le dire — de ne pas être inquiétés par les militaires postés à proximité. Or, ces troupes étaient très nombreuses, car plusieurs unités des forces spéciales étaient stationnées dans la région, dont le 772e régiment de fusiliers de l'air, le 17e RIM et le 18e RPC, sans parler des moyens aériens (hélicoptères de combat) des bases voisines de Boufarik et de l'ENTA, à Blida.

Et pourquoi les renforts ont-ils mis plusieurs heures pour arriver ? Je sais que, quand un ordre vient, l'armée a tous les moyens d'intervenir rapidement. Pourquoi, même si l'on admet — ce qui n'a d'ailleurs rien d'évident — qu'il était difficile d'intervenir pendant que se déroulaient ces tueries, n'a-t-on pas au moins donné l'ordre de procéder au bouclage des quartiers concernés, pour pouvoir arrêter les égorgeurs quand ils en partiraient, comme cela s'est fait de façon très habituelle dans des centaines d'opérations ? La vraie question est donc : pourquoi les ordres ne sont-ils pas venus, alors que les supérieurs étaient clairement informés de ce qui se passait ?

Par ailleurs, si ces massacres avaient eu lieu au début de la guerre, l'absence d'intervention des militaires n'aurait pas nécessairement impliqué leur complicité. Mais dès 1995, les forces spéciales avaient acquis suffisamment d'expérience et possédaient un matériel leur permettant d'intervenir en tout lieu et à tout moment. Les véhicules blindés légers et l'entraînement spécifique des troupes stationnées dans la Mitidja auraient permis une intervention rapide si les autorités avaient vraiment voulu venir en aide à ces villageois. Et comme je l'ai dit, les hélicoptères français de type « Écureuil » que l'armée a reçus au début de l'année 1995 sont dotés de matériels de vision nocturne, capables de détecter un loup sous un arbre, et qui transmettent l'image directement au commandement des forces aériennes de Chéraga.

Le fait que l'un de ces appareils ait survolé pratiquement toute la nuit le quartier de Bentalha où se déroulait le massacre, comme le raconte Nesroulah Yous, est de ce point de vue quelque chose de tout à fait extraordinaire. En effet, habituellement, cet appareil opère toujours avec trois autres hélicoptères de combat MI 18, appareils russes très bien équipés (mitrailleuses, lance-roquettes...) auxquels il donne des éléments de reconnaissance — et bien sûr, ces appareils peuvent emmener des troupes et les déposer près de l'ennemi. Si donc, ce soir-là, celui qui tournait au-dessus de Bentalha était seul, c'est qu'il effectuait une mission bien spéciale. Et je ne vois qu'une seule explication : il filmait le massacre pour en retransmettre les images au CFA de Chéraga, ou même au MDN. Ce qui veut dire que tout le commandement pouvait suivre la tuerie en direct...

Cela pourra paraître incroyable, mais tout ce que j'ai vu pendant mes années passées en tant qu'officier me permet d'affirmer que les généraux algériens, Mohamed Lamari en tête, sont capables du pire. Je suis convaincu que les massacres de Raïs et Bentalha ont été prémédités, comme ceux auxquels j'avais assisté à Douar Ez-Zaatria et à Lakhdaria quelques années auparavant. Comme dit le dicton, « qui vole un œuf vole un bœuf ». Dans le cas de l'armée algérienne, un officier qui a déjà donné l'ordre de tuer vingt civils innocents peut facilement faire massacrer tout un village.

EN GUISE DE CONCLUSION

J'ai essayé, dans ce livre, d'être le plus précis possible pour raconter les faits dont j'ai été le témoin ou que l'on m'a rapportés. Souvent aussi, j'ai porté des jugements sur cette sale guerre et ses responsables. Mais je ne voudrais pas que le lecteur croie que j'ai ainsi généralisé de façon exagérée, à partir de mon seul témoignage. C'est pourquoi j'aimerais expliquer, en conclusion, ce qui fonde mes jugements. Et aussi résumer ma vision de cette sale guerre et d'en dresser un bilan, du moins jusqu'au moment où, mis en prison, j'ai cessé d'en être un acteur.

Pour cela, il est important de comprendre le fonctionnement des forces de sécurité dans ces années d'horreur. S'il est vrai que toute l'armée et une bonne partie de la police et de la gendarmerie ont progressivement été engagées dans la lutte antiterroriste, c'est-à-dire plus de

300 000 hommes, la guerre a été en fait principalement menée depuis 1992 par une petite partie de ces effectifs, à savoir ceux des forces spéciales de l'armée, de la Sécurité militaire (DRS) et des unités spéciales de la police et de la gendarmerie.

Les « forces spéciales » au premier rang

Les premières unités des « forces spéciales » ont été créées dans les années quatre-vingt : il s'agissait de trois régiments de parachutistes, le 12e RPC (basé à Biskra), le 4e RAP (basé à Laghouat, à 300 km au sud d'Alger) et le 18e RAP (basé à Hassi-Messaoud) — ces deux derniers seront renommés plus tard eux aussi « régiments de para-commandos » (RPC). La mission principale de ces unités était alors de protéger les installations gazières et pétrolières du Sud. Mais, à la fin des années quatre-vingt, le climat social a commencé à se détériorer, et les généraux ont pris peur pour leur pouvoir. Ils ont donc décidé, en 1988, de faire monter à Alger des compagnies du 12e RPC et ils ont créé le 25e régiment de reconnaissance, basé à Béni-Messous (ce sont ces unités, je l'ai dit, qui ont tiré sur les manifestants en octobre 1988, tuant plus de cinq cents jeunes).

Leur mission était de protéger les lieux stratégiques du pouvoir à Alger : la Mouradia, siège de la présidence ; le ministère de la Défense nationale et le commandement des forces terrestres ; la Radio-télévision algérienne et les quartiers où résidaient les « décideurs », comme le quartier dit des « vingt-cinq villas » à Hydra, où habitent tous les généraux... Il n'était pas question que ces unités soient affectées à d'autres missions. Ainsi, en 1991, quand le général Boughaba, commandant de la 5e région militaire, a demandé que le 25e RR soit déplacé à Constantine, cela lui a été refusé par le général Mohamed Lamari. Ensuite, toujours dans le même but, deux nouvelles unités de parachutistes ont été créées et baptisées par leur année de naissance : le 90e BPM (bataillon de police militaire), créé en 1990 à Béni-Messous, et le 91e BPM, à Blida, en 1991.

Après l'interruption du processus électoral en janvier 1992 et l'apparition des premiers groupes armés islamistes, le problème principal des généraux est devenu leur propre sécurité face à ces derniers. Ils savaient que les groupes armés, alors concentrés dans l'Algérois (aux environs d'Alger, à Blida, à Médéa...), voulaient s'attaquer surtout aux centres du pouvoir. C'est pourquoi les généraux ont décidé, fin 1992, de créer le CCLAS et de concentrer dans l'Algérois les cinq régiments de parachutistes qui en faisaient partie. Le 4e RPC a ainsi été déplacé de Laghouat à Meftah, le 12e de Biskra à Blida et le 18e de Hassi-Messaoud à Boufarik.

La guerre « antisubversive » à grande échelle a alors commencé. Elle était menée essentiellement par les forces spéciales du CCLAS et le DRS (CMI, GIS). Mais elle impliquait également les « ninjas » (ils portaient une tenue bleue et une cagoule), des unités spéciales de la police placées dans chaque commissariat, composées de dix à douze hommes — ceux-là se déplaçaient dans des 4×4 « Patrol » blancs de marque Nissan, alors que les « ninjas » du GIS utilisaient des Toyota vert bouteille et portaient des uniformes noirs. Il y avait aussi des unités de gendarmes, comme le GIR 1 (groupe d'intervention rapide), basé à Reghaïa, et le GIR 2, basé à Chéraga, près de Béni-Messous : ces gendarmes « travaillaient » surtout de nuit ; ils partaient en patrouille dans des voitures blindées (des « Fahd »), sans avertir personne, pour arrêter des gens, les torturer et les liquider...

Depuis 1993, ce sont donc ces unités d'élite qui ont conduit la « sale guerre ». Le rôle des autres unités de l'armée était d'assurer des missions de surveillance et d'effectuer parfois de grandes opérations contre les maquis (ratissages, bouclages, barrages...), dont la partie offensive était laissée aux troupes du CCLAS.

Au total, dans les premières années, ce sont donc à peine 5 000 ou 6 000 hommes qui ont été les principaux acteurs des atrocités que j'ai rapportées dans ce livre. Et parmi eux, au premier rang, les 3 500 parachutistes des cinq régiments du CCLAS. C'est ce qui explique que nous avions pas mal d'informations sur la façon dont se déroulait vraiment la guerre, même si nous ne savions pas tout. En effet, chacun de ces régiments ne comportait qu'un petit nombre d'officiers : une quinzaine de sous-lieutenants, dix lieutenants, huit capitaines et un commandant ou un colonel ; soit au total environ cent soixante-dix officiers des forces spéciales. Nous nous connaissions pratiquement tous (beaucoup d'entre nous s'étaient connus à Cherchell) et nous avions souvent l'occasion de nous rencontrer, lors d'opérations ou de permissions. Même si elles restaient entre nous, les informations circulaient...

D'après ce que j'ai appris en prison et après ma libération, cette situation a continué depuis 1995 jusqu'à aujourd'hui, si ce n'est que, à partir de 1995, les cinq régiments initiaux des forces spéciales ont été renforcés par plusieurs nouvelles unités spécialement créées, comme le 1er RPC (Tébessa), le 5e RPC (Djidjel), le 85e BPM (El-Harrouch) et le 93e BPM (Oran). En effet, à partir de la fin 1994, les pertes subies par les forces spéciales commençaient à être vraiment importantes, et un nouveau front s'était ouvert à l'Est où plusieurs maquis s'étaient implantés. Mohamed Lamari a bien dû répondre aux demandes du chef de la 5e région militaire (Constantine), qui réclamait des renforts en troupes spéciales depuis des années, mais sans résultat puisque Lamari avait choisi de concentrer toutes les unités spéciales dans l'Algérois.

C'est pourquoi ces nouvelles unités ont été créées. Mais elles étaient mal formées et mal équipées, et leurs effectifs étaient terriblement insuffisants. C'est le cas du 1er RPC, engagé directement à Djidjel et contraint à délaisser sa base de Tébessa : il ne comportait que quatre compagnies, soit environ 450 éléments, à peine plus du tiers de l'effectif théorique d'un régiment. Toutes ces unités ont subi des pertes importantes, notamment lors de leur engagement contre les maquis de Djidjel, où plusieurs de mes camarades de promotion ont été tués.

Un autre changement important est intervenu à partir de 1995, avec l'entrée dans la guerre de nouveaux acteurs, dont les méfaits ont souvent été aussi effroyables que ceux des parachutistes et du DRS : je veux parler des milices de « patriotes » créées par les généraux, comme celle d'El-Mekhfi dont j'ai parlé plus haut.

Les deux guerres

D'une certaine façon, on peut dire que depuis le début, ce sont en fait deux guerres qui sont menées par les troupes d'élite : l'une contre les groupes armés, l'autre contre le peuple et les civils.

La première guerre, c'est celle que j'étais prêt à mener : détruire les groupes terroristes qui s'attaquaient au début principalement aux forces de sécurité. Mais je l'ai dit, tout au long de ces années, nous avons acquis peu à peu la conviction que nos chefs ne voulaient pas que nous la menions jusqu'au bout, alors que nous avions tous les moyens de le faire. Souvent, nous recevions des ordres qui nous bloquaient pour finir une opération ou éliminer un groupe que nous poursuivions. De plus, on ne nous donnait pas toutes les armes nécessaires : j'ai dit comment, par exemple, on nous a privés des RPG 7 fin 1993. Mais je pourrais donner beaucoup d'autres exemples ; ainsi, souvent, nous avons demandé le soutien des hélicoptères de combat des bases de l'Algérois (Boufarik, ENTA de Blida, Chéraga), qui étaient en principe là pour nous assister dans nos opérations, mais cela nous a été refusé. Tout se passait comme si, malgré les pertes sévères que nous subissions, les généraux limitaient volontairement notre action pour laisser des terroristes en action.

L'autre guerre, la sale guerre, était donc la plus importante. Menée principalement par certaines unités des forces spéciales, du DRS (CMI, etc.), de la police et de la gendarmerie, elle était d'abord dirigée contre les civils. Tous ceux qui étaient soupçonnés de sympathies islamistes étaient systématiquement arrêtés, torturés, exécutés... Et cela continue aujourd'hui...

Mais au-delà de ces horreurs, ce qu'il est important de souligner, c'est que cette sale guerre a été — et est toujours — une guerre de manipulations et de « coups tordus ». Dans ce domaine, ce sont surtout les éléments du DRS, sous la direction du général Smaïn Lamari, qui ont été les rois. J'ai raconté comment ces hommes sans foi ni loi étaient capables de tout. Dès le début, ils ont fait attribuer aux tangos les tueries et les assassinats qu'ils pratiquaient. Et très vite, ils ont utilisé des méthodes plus sophistiquées, en manipulant en sous-main d'authentiques combattants islamistes (comme dans l'affaire de l'Amirauté, en février 1992) ou en créant de faux maquis : je l'ai dit, nous étions nombreux à être convaincus qu'une bonne partie des GIA étaient en fait des groupes de terroristes encadrés, parfois à leur insu, par de faux émirs directement sortis des casernes du DRS.

L'objectif était à la fois de redoubler les violences contre les civils (les GIA avaient déclaré la guerre au « peuple impie »), d'infiltrer des groupes de vrais tangos et de déconsidérer tous les opposants, armés ou non, qui se réclamaient de l'islamisme. Je me souviens à ce sujet d'une histoire particulièrement significative.

Lors du ramadan 1997, j'ai rencontré en prison un lieutenant du DRS qui m'a raconté les dessous d'une affaire dont on avait beaucoup parlé en mai 1994. Selon la presse, un imam membre de l'ex-FIS, Ali Aya, avait été enlevé à Alger par un groupe terroriste avant qu'il réussisse à s'échapper : à la télévision, il a raconté ensuite que ces hommes, barbus, vêtus de tenues afghanes, l'avaient amené dans un appartement décoré d'épées et de fanions couverts de slogans islamistes. Puis, ils avaient amené six civils, qui ont été égorgés l'un après l'autre devant lui. Chaque fois qu'ils lui présentaient un de ces hommes, ils lui demandaient de prononcer une *fetwa* pour les autoriser à le tuer, ce que l'imam a refusé... Ce lieutenant m'a raconté qu'en fait ces « terroristes » étaient des agents du DRS : il s'agissait d'une opération d'intoxication médiatique, dont le but était de déconsidérer les islamistes. En général, ceux qui faisaient ce genre d'opérations étaient des hommes de confiance de Smaïn Lamari.

Cette affaire, comme bien d'autres, montre que l'action psychologique en direction de l'opinion a toujours été une composante essentielle de la « sale guerre ». Mais l'action psychologique a été menée aussi au sein même des forces de sécurité. Ainsi, en 1994, nous avons reçu du général Lamari une note de service définissant le vocabulaire à employer entre nous : ceux que nous combattions ne devaient pas être qualifiés de « terroristes », ce qui aurait pu laisser entendre qu'ils se battaient pour une cause, mais de « voleurs », « bandits », « violeurs », etc. Autre exemple : au début de 1995, toutes les unités de la 1re région militaire ont reçu une note de service du général Saïd Bey nous interdisant de regarder à la télévision les chaînes françaises (sauf M6), que nous pouvions recevoir par la parabole, au motif qu'« elles sont en train de salir l'image de l'Algérie, de nous combattre ». Cela faisait allusion à la manière dont elles avaient couvert l'affaire de l'Airbus d'Air France détourné à Alger, et aussi à un documentaire sur les maquis islamistes... Cette interdiction a effectivement été strictement appliquée pour les HDT et les sous-officiers.

Plus généralement, tout était fait pour nous conditionner à tuer sans états d'âme. Bien sûr, dès 1993, les nombreuses pertes que nous subissions provoquaient chez les militaires la haine de tout ce qui portait barbe et *kamis*. Mais nos chefs entretenaient ce sentiment. Par exemple, je pense que c'est volontairement que, à partir de 1994, ils ont laissé pendant plusieurs mois les tangos nous insulter dans nos talkies-walkies : alors qu'il était facile de changer de fréquence, nous devions toujours rester sur la même (dite 8-12). Et les islamistes nous traitaient de « chiens », disaient que nous n'étions pas de vrais musulmans, qu'ils étaient obligés de nous tuer car nous ne protégions pas le peuple mais les généraux (ils n'avaient pas tort sur ce point), etc. Parfois, ils nous demandaient même de les rejoindre... Plusieurs fois, j'ai moi-même « dialogué » avec eux, en les insultant à mon tour, et toutes les unités nous entendaient. Finalement, le général Fodhil Chérif nous a ordonné de ne plus leur répondre.

Enfin, il est très important de souligner que la sale guerre est une guerre secrète. À partir de mars 1993, il n'y a plus jamais eu d'ordres de mission écrits, comme ceux que nous recevions auparavant. Pour chaque opération, les instructions étaient uniquement verbales. Ce qui fait que, souvent, les autres forces de sécurité, comme la police, la gendarmerie ou les unités de l'armée qui n'appartenaient pas aux forces spéciales, n'étaient pas au courant des opérations menées par ces dernières. Quant aux sales besognes (massacres de villages entiers, exécutions sommaires...) effectuées par les « sections spéciales » des régiments du CCLAS, elles étaient encore plus secrètes : j'ai su par des officiers qui y avaient participé qu'ils n'avaient même pas le droit d'en parler par radio, sauf avec des noms de code et sur des fréquences spéciales.

Comme je l'ai expliqué, ces opérations-là n'étaient confiées par les chefs du CCLAS et les responsables des « secteurs opérationnels » qu'à des hommes dans lesquels ils avaient toute confiance, qui sont tous devenus des tueurs professionnels.

Bien sûr, les procédures légales en cas d'arrestation n'étaient jamais respectées. En principe, quand nous arrêtions un suspect, nous devions le remettre aux hommes du DRS et ceux-ci étaient censés nous donner un document signé précisant le nom du suspect, les motifs et les circonstances de son arrestation, etc. Mais cela n'était jamais fait, et pour cause : aucun de ceux qui étaient confiés au DRS n'en sortait vivant... Ce n'est que pour les coupables d'infractions mineures que nous recevions pour instruction de les amener à la gendarmerie ou à la police. Les interrogatoires pratiqués sous la torture par les officiers du CMI à Lakhdaria faisaient souvent l'objet de comptes rendus manuscrits destinés au général Chibane ou au colonel Chengriha ; mais ils n'avaient bien sûr rien d'officiel et ils étaient ensuite détruits.

Au sein des forces spéciales, comme je l'ai dit, les informations sur les exactions et les coups tordus circulaient discrètement, mais nous n'en parlions pas beaucoup entre nous. Les hommes de troupe, eux, ne se posaient pas de questions : à leurs yeux, tous les suspects arrêtés étaient des tangos, et il était normal qu'ils soient torturés et tués. Quant aux jeunes officiers, la plupart étaient favorables aux sales méthodes : pour eux, même les civils islamistes étaient responsables de ce qui arrivait, c'étaient eux qui tuaient nos camarades et qui menaient cette guerre, donc tous les moyens étaient bons. Ceux qui, comme moi, étaient contre ces méthodes, étaient très peu nombreux et ils avaient intérêt à se taire...

Quel bilan de la guerre ?

Il est très difficile d'établir un bilan chiffré précis de la guerre. Je peux simplement proposer ici l'estimation que je pouvais faire à la mi-1995, au moment de mon incarcération. Selon mes supérieurs de l'époque, les commandants Ben Ahmed puis Salaheddine, le nombre de morts depuis le début de la guerre en janvier 1992 était d'environ 50 000. Avec de jeunes officiers d'autres secteurs, nous avons essayé plusieurs fois d'évaluer dans ce total les parts respectives des combattants et des civils.

À cette époque, les pertes étaient beaucoup plus importantes dans nos rangs que dans ceux des tangos. En effet, dans les embuscades tendues par ces derniers, il y avait souvent vingt, trente, voire quarante morts de notre côté (militaires, policiers, gendarmes...). Alors que, dans les opérations que nous menions, le nombre de tangos abattus était en général beaucoup plus limité (trois, quatre ou cinq, exceptionnellement une quinzaine). Sur cette base, à partir du recensement que nous pouvions faire des embuscades des islamistes et des opérations de l'armée, j'estime qu'en trois ans et demi les pertes des forces de sécurité ont été d'au moins 4 000 hommes, alors que celles des islamistes armés ont été d'environ 2 000 hommes.

Ce qui signifie que la grande majorité des victimes de la guerre, soit plus de 40 000 personnes à cette époque, ont été des civils. Sur ce total, sans qu'il me soit possible d'être plus précis, je peux dire que le plus grand nombre a été victime des forces de sécurité. En effet, si les islamistes ont parfois tué des gens en nombre (notamment à de faux barrages), ils ont beaucoup plus souvent « ciblé » leurs victimes civiles. Alors que les unités spéciales des forces de sécurité, comme je l'ai expliqué, frappaient tous azimuts : rafles massives de suspects suivies d'exécutions sommaires, liquidation de villages entiers, etc.

Sur ce plan, j'estime que les choses n'ont pas fondamentalement changé pendant mes années de prison. Les nouveaux détenus militaires qui arrivaient régulièrement à Blida provenaient de tous les secteurs opérationnels et nous racontaient que les horreurs se poursuivaient de la même façon : embuscades, bombardements, ratissages et arrestations, tortures et exécutions sommaires... Le terrorisme islamiste et le terrorisme d'État ont continué jusqu'à aujourd'hui à plonger l'Algérie dans le chaos.

Le comble a sans doute été atteint en 2000, après l'échéance du 13 janvier, fixée par la loi sur la « concorde civile » du président Bouteflika pour que les tangos rendent les armes en échange d'une amnistie de leurs crimes. Quelques semaines plus tard, le général Mohamed Lamari a lancé une opération à l'échelle de tout le pays contre les groupes armés islamistes qui avaient refusé cette possibilité, comme ceux de Hassan Hattab, Antar Zouabri et d'autres. Comme la presse l'a rapporté, cette opération impliquant l'ensemble des forces spéciales, dirigée par le général Fodhil Chérif, porte un nom de code extraordinaire : « Saïf El-Hadjadj », ce qui signifie « L'épée d'El-Hadjadj ».

En quoi cela est-il extraordinaire ? Tout simplement parce que le nom de Youssouf El-Hadjadj est le symbole même de la mort et de la terreur pour tous les musulmans. Dans le monde entier, aucun d'entre eux n'ignore le nom de ce démon. Au VIIe siècle, il était le bras droit de Mouawiya, le fils d'Abou Soufyane, premier calife de la dynastie omeyyade. Il a combattu Ali, le gendre du prophète Mahomet, et tué des milliers d'innocents. Nommé gouverneur en Irak, il a prononcé devant la foule de ceux qui l'accueillaient dans la ville de Kouf une parole de terreur qui a résonné depuis dans toute l'histoire du monde arabe : « Je vois ici des têtes qui sont mûres. Et je suis celui qui va les cueillir. » Après cela, il tuera et décapitera effectivement des milliers d'hommes, de femmes et d'enfants pour fonder la puissance de l'empire omeyyade.

Le choix de ce nom pour une opération militaire se voulant définitive montre une nouvelle fois la barbarie de ces généraux qui mènent depuis 1992 la guerre au peuple algérien : à leurs yeux, tous ceux qui s'opposent à eux, qu'ils soient islamistes ou démocrates, terroristes ou innocents, doivent avoir la tête coupée, et cela au sens propre du terme...

Et en même temps, peut-être parce qu'ils savent qu'ils ne peuvent mener à son terme ce programme dément, ils continuent à manipuler et à entretenir la violence. Comment expliquer autrement qu'au cours du ramadan 2000, en décembre, plusieurs dizaines de personnes, civils ou membres des forces de sécurité, étaient tuées chaque jour ? Comment expliquer que des milliers d'hommes des forces spéciales ne parvenaient pas à venir à bout des maquis d'Antar Zouabri et Hassan Hattab ? Selon les sources officielles, ce dernier ne dirigerait qu'une centaine de combattants. Pour ma part, je pense qu'ils sont sans doute quatre fois plus nombreux et qu'il s'agit de véritables terroristes qui ont su éviter les infiltrations de la SM (à la différence des GIA de Zouabri). Reste que leurs forces sont sans commune mesure avec celles de l'armée.

Comme cela a été le cas au cours des années où j'ai combattu le terrorisme, je suis convaincu que les généraux mènent un double jeu : alors que les forces spéciales pourraient facilement venir à bout des maquis islamistes, ils les empêchent volontairement de le faire, par leurs ordres contradictoires, de façon à permettre aux terroristes de continuer à frapper. Cela au prix de la vie de centaines de civils et de militaires, qui ne sont pour eux que de la chair à canon. Ils ont le même mépris de la vie humaine qu'El-Hadjadj...

La France complice

Aujourd'hui, neuf ans après le début de la guerre, le bilan est effroyable : au moins 150 000 morts, des milliers de disparus, des centaines de milliers de veuves et d'orphelins, de blessés, de personnes déplacées. Et les responsables de ce drame sont toujours là.

Ces responsables, ce sont les généraux à la tête de notre Armée nationale et populaire, qui ont toujours violé sa devise : « La nation : devoir et sacrifice. » Plusieurs d'entre eux sont des ex-officiers de l'armée française, qui n'ont déserté que dans les derniers mois de la guerre de libération et qui n'ont apporté à l'armée et à l'Algérie que la destruction et le malheur. Et tous sont les héritiers directs de ceux qui ont confisqué notre révolution, ceux qui ont tué et détruit ses véritables héros, comme Abbane Ramdane, tué en décembre 1957 par les hommes d'Abdelhafid Boussouf, le responsable du MALG, l'ancêtre de la Sécurité militaire.

Ces généraux n'ont jamais voulu « défendre la République » : ils ont déclaré la guerre à tout le peuple algérien et non aux islamistes, une sale guerre d'intérêts pour défendre leur pouvoir et leur argent, celui du pétrole, qu'ils volent depuis des années aux Algériens et qu'ils veulent transmettre à leurs enfants. Khaled Nezzar, Larbi Belkheir, Mohamed Lamari, Mohamed Médiène, Fodhil Chérif, Smaïn Lamari, Gaïd Salah, Liamine Zéroual, etc. : la liste est longue de tous ces « décideurs » qui ont plongé l'Algérie dans le malheur. À cause de quelques centaines de terroristes islamistes, ils ont combattu tous les musulmans algériens au point que chacun a maintenant peur de dire qu'il est pratiquant.

Ce qui me révolte aussi profondément, c'est

le soutien apporté à ces assassins par les grandes puissances mondiales, et en particulier la France. Alors qu'elles disent défendre les droits de l'homme et lutter contre les injustices partout dans le monde, aucune d'elles n'a osé dire non aux généraux d'Alger. Au contraire, elles ont soutenu leur guerre, financièrement et politiquement. La France les a toujours aidés discrètement, en leur vendant des armes, en formant des éléments du DRS, sans parler du blanchiment des centaines de millions de dollars détournés par les généraux avec la complicité de banques françaises (mais aussi suisses et autres).

Il faut dire que les liens avec la France des généraux criminels sont nombreux et anciens. Certains d'entre eux, comme Mohamed Lamari et Fodhil Chérif, ont fait l'école de guerre à Paris. Il n'est pas surprenant qu'ils utilisent les mêmes sales méthodes (torture, massacres, napalm, manipulations et intoxications en tout genre...) que celles de l'armée française contre le peuple algérien pendant la guerre de libération. Ils ont même donné à des unités des forces spéciales le même sigle que certaines de celles qui avaient sévi du temps de la première « guerre d'Algérie » (comme le 18e RPC, qui était le nom d'un des régiments de « parachutistes coloniaux » de la 10e DP du général Massu).

La France m'a accordé l'asile politique. Mais cela ne peut pas m'empêcher de dire au gouvernement français que le peuple algérien, qui souffre en silence depuis des années dans sa chair et dans son âme, n'oubliera jamais le soutien qu'il a apporté aux généraux assassins. Aujourd'hui, je ne crois plus guère que la « patrie des droits de l'homme » pourra un jour venir en aide au peuple algérien : trop d'intérêts sont en jeu.

Juger les coupables

Et je veux encore croire que le salut pourra être trouvé dans notre pays. C'est pourquoi je lance un appel aux responsables des partis politiques algériens, dont la plupart connaissent parfaitement la gravité de la situation et marchent pourtant côte à côte avec les assassins (à l'exception de quelques-uns qui les dénoncent, mais qui sont encore trop faibles face à la manipulation du jeu politique par les « décideurs »). Je vous demande de rompre avec les généraux mafieux avant qu'il ne soit trop tard, avant que vos noms soient à jamais maudits par le peuple algérien. Donnez un coup de bâton au mouton ! Exigez le jugement des généraux, et tout le peuple sera derrière vous !

Vous dites que l'Algérie vit aujourd'hui en démocratie. Mais alors pourquoi tant d'Algériens ont-ils choisi l'exil ? Pourquoi notre économie est-elle détruite ? Pourquoi vous taisez-vous sur les centaines de millions de dollars volés chaque année par les généraux ? Pourquoi des dizaines de milliers de nos concitoyens ont-ils été tués ? Pourquoi la mort continue-t-elle à frapper tous les jours ? Pourquoi des milliers d'Algériens qui n'ont commis aucun crime sont-ils en prison ? Pourquoi ceux, islamistes ou militaires, qui ont torturé, violé, assassiné, sont-ils libres et impunis ? Est-ce cela, une démocratie ?

Vous dites que la nation algérienne serait blessée, perdante, si elle tentait de répondre à ces questions. Mais que pourrait-elle perdre de plus ? Au nom de tout ce qui est le plus sacré, je vous demande de rompre votre silence et de dire non aux généraux. Je demande au président de la République, aux membres du gouvernement et aux responsables des partis politiques de constituer une commission d'enquête nationale libre et indépendante, avec des hommes et des femmes honnêtes, pour faire toute la vérité sur la sale guerre que les généraux font depuis neuf ans au peuple algérien. Pour établir les responsabilités, toutes les responsabilités, de Mohamed Lamari, Mohamed Médiène et des autres chefs militaires assassins. Pour qu'on désigne clairement les coupables et qu'ils soient jugés pour leurs crimes. Ce n'est qu'à partir de là qu'on pourra parler de pardon.

Pour ma part, si ces conditions sont réunies, je suis prêt à revenir dans mon pays pour apporter mon témoignage. Et pour donner tous les détails des crimes — tortures, assassinats, disparitions... — dont j'ai été le témoin, toutes les preuves sur ceux qui les ont commis et sur ceux qui en ont été les victimes.

Il est vrai que les islamistes n'ont pu conquérir le pouvoir, et c'est tant mieux. Est-ce grâce aux militaires ? Je ne le pense pas. De tout ce que j'ai vu au cours des années où j'ai combattu, une image est restée gravée dans ma mémoire. Celle de ces hommes, ces femmes et ces enfants qui se réveillaient chaque matin pour aller affronter le cauchemar. Je garderai à l'esprit ces petites gens de Lakhdaria qui, chaque jour, en sortant de chez eux, trouvaient un cadavre ou une tête méconnaissable et qui, malgré tout, vaquaient à leurs occupations. Ce sont ces gens-là qui, à mon avis, ont combattu le terrorisme. Ce sont eux, méprisés, insultés, manipulés, qui ont vaincu le terrorisme islamiste.

Ce sont eux qui, un jour, vaincront le terrorisme d'État. Un jour, ce pouvoir corrompu qui continue de piller les richesses du pays devra faire face à la colère de la population.

Car le problème de notre pays, ce n'est pas la religion, ce n'est pas l'islam. C'est l'injustice : c'est à cela qu'il faut mettre fin si l'on veut que la paix revienne.

Pour conclure, je tiens à m'adresser à M. Mohamed Lamari, le principal responsable à mes yeux de cette tragédie. Je sais, par l'un de vos proches, que vous m'avez traité un jour de « voleur du SOB ». Je tiens à vous répondre que je ne suis ni un voleur, ni un traître, ni un lâche. Je ne suis qu'un petit lieutenant, fidèle au serment du 1er novembre 1954, fidèle aux principes sacrés du peuple algérien dont je suis issu. Je ne suis pas un lâche, car j'ai combattu sans relâche le terrorisme dans la région où j'étais affecté, vous pouvez le vérifier.

C'est grâce à de jeunes officiers comme moi que vous êtes toujours au pouvoir et que vous continuez à massacrer notre peuple. C'est la seule chose que je ne pourrai jamais me pardonner.

ANNEXES

1. Liste des indicatifs des unités du Centre de commandement de la lutte antisubversive (CCLAS), 1993-1994.
2. Consignes pour les barrages (janvier 1993).
3. Commission de prévention et de sécurité (Béni-Messous, 30 janvier 1993).
4 et 5. Ordres de mission (28 janvier et 6 février 1993).

AUTORITES	INDICATIFS
Station centrale	ABDOU
CDT CCC-ALAS	FAOUZI
CEM CCC-ALAS	AZIZ
Centre des OPS	AISSA
CDT Gpe Tactique/Lakh	HOCINE
CDT Gpe Tactique/Bouf	MOURAD
CDT DU 17° R.I.M	ZOUAOUI
CDT DU 25° R.R	TOUNSI
CDT du 4° R.A.P	BACHIR
CDT du 12° R.P.C	CHAFIK
CDT du 18° R.A.P	DAHMANE
CDT du 1° B.F.M	FARHAT
CDT du 2° B.F.M	DJAAFAR
CDT du 90° B.P.M	FARID
CDT du 93° B.P.M	HACHEM
CDT du 85° B.T.N	KRIM
CDT du 520° B.T.M	ALAOUA
CDT du 571° R.T.C.R	BOUALEM
CDT du 9° RIM	CHORFI
CDT du 1° CR.GN	DJALAL
ONRB	HALIM
GIS	DAAS
Génie de Combat	YAGOUB
Soutien Mat.	ZAKARIA
Soutien Santé	SMAIL
Soutien Int.	MOULAY
Soutien Trans.	YAZID
Eventuel 1	RAMDANE
Eventuel 2	DALY
Indicatif Collectif	KHALED

RESEAUX	CANAUX
CCC-ALAS	4 (Tango) et 2 (Zoulou)
90° B.P.M	7 (Oscar) ou 9 (Delta)
93° B.P.M	8 (Bravo) ou 9 (Delta)
85° BTN	6 (Charly) ou 1 (Hotel)
571° RTCR	6 (Charly) ou 1 (Hotel)
17° R.I.M	8 (Bravo) ou 9 (Delta)
25° R.RECO	7 (Oscar) ou 9 (Delta)
520° BTM	6 (Charly) ou 1 (Hotel)
4° RAP	7 (Oscar) ou 9 (Delta)
12° RPC	9 (Delta) ou 1 (Hotel)
18° RAP	8 (Bravo) ou 9 (Delta)

CONSIGNES POUR LES BARRAGES

1- Mise en place d'un barrage (se conformer à la variante donnée)

2- Concentrer les fouilles sur les papiers et particulièrement ceux des années 90-91 et 92.

3- Lors de l'arrestation d'un suspect, le faire descendre du véhicule en l'isolant de la voiture et en le fouillant, sous une bonne garde et fouiller la voiture correctement.

4- Concentrer les fouilles des véhicules sur les Micro-car, les Bus, et éviter d'arrêter les femmes sauf en cas d'exception.

5- Rassembler les suspects en appelant la station directrice afin de diriger un véhicule pour les acheminer vers les postes de gendarmerie Nationale.

6- Port de la tenue et le comportement doivent être exemplaires.

7- Ne pas se familiariser avec les passants.

8- Être vigilant, agressif et en état de disponibilité pour intervenir auprès des barrages amis attaqués.

Destinataires :
- Tous les chefs de patrouilles.
- Archives.

P/ Le Commandant du 25 RR

RÉPUBLIQUE ALGÉRIENNE DÉMOCRATIQUE ET POPULAIRE -=oOo=-

MINISTÈRE DE LA DEFENSE NATIONALE
ARMEE NATIONALE POPULAIRE
I° REGION MILITAIRE
25° REGIMENT DE RECONNAISSANCE
N° 66 /S.G/25°REG/RECO/I°RM/ A 93/

BEN* MESSOÜS:LE 30 JAN 1993

Commission de prevention et de securite

PRÉSIDENT DE COMMISSION : Cne. TEBIB KHMISI.
Membre : - S/LT SEDIRA Mohamed.
- S/LT SOUADIA Habib.
- S/LT ELOUAFI Lazhar.
- ADJ LALILICHE N/eddine.
- S/CTL GUEFFAF Mechri.

ATTRIBUTION:

1) Revoir le plan garde et de sécurité du lieu d'implantation de l'unité.
2) Elaborer une étude qui refletera tous les points faibles et insuffis--ances en matière de sécurité.
3) presenter des suggestions en vue de pallier à ses insuffisances.
4) Rendre compte au commandement de l'unité de toute anomalie constatés.
5) Proposer les thèmes à instruire dans le programe d'instruction.
6) Un compte rendu doit être adressé mensuel au commandant d'unité.

DESTINATAIRES/
TOUTES LES Cie.
ARCHIVES.

LE COMMANDANT DU 25°REG/RECO/I°RM/

RÉPUBLIQUE ALGÉRIENNE
Démocratique et Populaire

MINISTÈRE DE LA DÉFENSE
NATIONALE

Ière - Région Militaire

MLE: 1477.548
MLE: 1477.1139
MLE: 1477.0625
MLE: 1477.1242

FORMULE A   N° _____

Désignation du Corps

259 RR/I° RM

ORDRE DE MISSION

Le (1) __COMMANDANT DU 25° REGIMENT DE RECO./I° RM__ ordonne

à (2) __SOUADIA HABIB__

Né le __///__ à __///__

Grade __S/Lt__ Unité __25°RR/I°RM__ Service __Cie__

de se rendre en mission de __Beni-Messous__ à __Chraga Ouled Fayet, Rahmania, Dehelma__
__// vers Nahtra Kheira__
pour (objet complet de la mission) __PATROUILLE DE RECONNAISSANCE + BARRAGES.__

EFFECTIFS: __12__ /ÉLÉMENTS ARMÉS DE:
/////P.A __01__ /PS __00__ /PM __08__ /PKMS __01__ /PAL __01__ /RPG7 __01__ /SPG9 __00__ /PM __00__ /

Moyens de transport (3) LAND-ROVER: __00__ /JEEP/ __04__ / (MLE Voir ce-dessus)

Date de départ __29/01/93__

Date de retour __29/01/93__

Les autorités civiles et militaires sont priées de faciliter à __CET ELEMENT__
__///__ l'accomplissement de sa mission

Pièce d'identité __//__ délivrée le __///__ à __///__

A Beni-Messous le __28/01__ 19__93__

Le COMMANDANT DU 25° RR/I°RM.
(Signature et cachet)

(1) Désignation de l'autorité.
(2) Nom, prénoms du bénéficiaire.
(3) Spécifier le moyen de transport.

RÉPUBLIQUE ALGÉRIENNE
Démocratique et Populaire

MLE: 1477/11273
MLE: 1477/0208
MLE: 1477/1775
MLE: 1477/1598

MINISTÈRE DE LA DÉFENSE NATIONALE

Ière Région Militaire

FORMULE A   N° _____

Désignation du Corps

25° RR/I° RM

ORDRE DE MISSION

Le (1) COMMANDANT DU 25° REGIMENT DE RECO./I° RM ordonne

à (2) SOUAIDIA HABIB

Né le ___///___ à ___///___

Grade __S/Lt__ Unité __25°RR/I°RM__ Service __Cie__

de se rendre en mission de __Beni-Messous__ à __Oueds el Fayet, 1K Au Sud__

pour (objet complet de la mission) __PATROUILLE DE RECONNAISSANCE + BARRAGES.__

EFFECTIFS/: __12__/ELEMENTS ARMES DE:
//////P.A __04__/PS __00__/PM __08__/PKMS __01__/PAL __01__/RPG7 __01__/SPG9 __00__/FM __00__

Moyens de transport (3) LAND-ROVER: __00__ /JEEP/ __04__ / (MLE Voir ce-dessus)

Date de départ ____07/02/93____
Date de retour ____07/02/93____

Les autorités civiles et militaires sont priées de faciliter à __CET ELEMENT__
___///___ l'accomplissement de sa mission

Pièce d'identité __//__ délivrée le __///__ à __///__

À Beni-Messous le __06/02__ 1993
Le COMMANDANT DU 25° RR/I°RM.

(1) Désignation du matériel.
(2) Nom, prénoms du bénéficiaire.
(3) Spécifier le moyen de transport.

Préface, par *Ferdinando Imposimato*   11

Introduction   35

1. Mes premiers pas sous l'uniforme   43
   Ma vocation militaire   44
   L'ère du multipartisme   48
   La citadelle de Cherchell   51
   La vie des élèves-officiers   55
   Ma formation de tankiste   61
   Abdelmadjid Chérif contre le « bélier »   63
   1990 : la montée du FIS   66

2. « La société est gangrenée »   70
   « Tempête du désert »   72
   Dawla islamiya   74
   « Traître ! », « Mécréant ! »   76
   L'affaire de Guemmar   79
   Et vint décembre...   82

3. La parenthèse Boudiaf   88
   Les premières purges au sein de l'armée   90

    L'apparition des groupes armés   93
    Le mystère Boumaarafi   99

4. À l'école des paras de Biskra   106
    Premiers sauts   109
    Un univers impitoyable   113
    Guerre sans pitié aux islamistes   117
    Chasse aux sorcières   121

5. Dans la guerre   127
    Premiers contacts avec les « tangos », premiers faits étranges   129
    L'ordre « Bravo 555 »   132
    Les hommes de main du général Smaïn Lamari   135
    Des instructeurs nord-coréens pour la SM   138
    « Kabous et carta »   141
    « Vive l'Algérie ! »   144

6. La « Société nationale de formation des terroristes »   147
    Des militaires égorgeurs   149
    « Exterminez-les tous ! »   151
    « Je ne veux pas de prisonniers, je veux des morts ! »   158
    Accrochages et embuscades   165
    Été 1993 : la lutte se durcit   170

7. La descente aux enfers   179
    Quinze jours de tortures   179
    « Habtouh lel-oued ! »   183
    Violences terroristes, sauvageries militaires   186
    Les massacres de mai-juin 1994   190

Table 339

Le régiment des assassins ... 195
Morts pour rien ... 199
La sinistre légende du colonel Hamana ... 203

8. La honte ... 206
   Conflit entre les clans du pouvoir ... 206
   Comme les Français... ... 211
   Des équipements militaires français ... 213
   Éliminations et désertions ... 216
   La tête d'un déserteur sur le bureau de Mohamed Lamari ... 221
   « Ramenez les têtes ! » ... 225

9. 1995, un tournant dans la guerre ... 228
   Des bombes partout 230
   Dans la merde... ... 233
   « Ennemi de Dieu ! » ... 237
   Un terroriste impuni ... 238
   Diviser pour mieux régner ... 241

10. Une armée de barbares ... 246
    La déliquescence de l'armée ... 246
    La drogue dans les casernes ... 250
    Les seigneurs de la guerre ... 253
    L'affaire de la Renault Express ... 256
    L'opération de Khemis El-Khechna ... 259
    Passeport pour l'enfer ... 263

11. Mon incarcération ... 264
    Un procureur militaire aux ordres ... 264
    Quatre ans de prison ! ... 267
    Une prison impitoyable ... 272

	Injustices en série	279
	Les damnés de Blida	286
12.	Partir à tout prix	288
	Sous la surveillance du DRS	288
	Les faux repentis de la « concorde civile »	291
	Des « officiers libres »	295
	Un visa pour l'exil	297
	Des massacres prémédités	301
En guise de conclusion		307
	Les « forces spéciales » au premier rang	308
	Les deux guerres	313
	Quel bilan de la guerre ?	320
	La France complice	324
	Juger les coupables	327
Annexes		331

DANS LA COLLECTION FOLIO/ACTUEL

1. Alain Duhamel : *Les prétendants.*
2. Général Copel : *Vaincre la guerre (C'est possible !).*
3. Jean-Pierre Péroncel-Hugoz : *Une croix sur le Liban.*
4. Martin Ader : *Le choc informatique.*
5. Jorge Semprun : *Montand (La vie continue).*
6. Ezra F. Vogel : *Le Japon médaille d'or (Leçons pour l'Amérique et l'Europe).*
7. François Chaslin : *Les Paris de François Mitterrand (Histoire des grands projets architecturaux).*
8. Cardinal Jean-Marie Lustiger : *Osez croire, osez vivre (Articles, conférences, sermons, interviews 1981-1984).*
9. Thierry Pfister : *La vie quotidienne à Matignon au temps de l'union de la gauche.*
10. Édouard Masurel : *L'année 1986 dans* Le Monde *(Les principaux événements en France et à l'étranger).*
11. Marcelle Padovani : *Les dernières années de la mafia.*
12. Alain Duhamel : *Le Ve Président.*
13. Édouard Masurel : *L'année 1987 dans* Le Monde *(Les principaux événements en France et à l'étranger).*
14. Anne Tristan : *Au Front.*
15. Édouard Masurel : *L'année 1988 dans* Le Monde *(Les principaux événements en France et à l'étranger).*
16. Bernard Deleplace : *Une vie de flic.*
17. Dominique Nora : *Les possédés de Wall Street.*
18. Alain Duhamel : *Les habits neufs de la politique.*
19. Édouard Masurel : *L'année 1989 dans* Le Monde *(Les principaux événements en France et à l'étranger).*
20. Edgar Morin : *Penser l'Europe.*
21. Édouard Masurel : *L'année 1990 dans* Le Monde *(Les principaux événements en France et à l'étranger).*
22. Étiemble : *Parlez-vous franglais ?*
23. Collectif : *Un contrat entre les générations (Demain, les retraites).*

24 Alexandre Zinoviev : *Les confessions d'un homme en trop.*
25 Frantz Fanon : *Les damnés de la terre.*
26 Paul Bairoch : *Le Tiers-Monde dans l'impasse.*
27 Édouard Masurel : *L'année 1991 dans* Le Monde *(Les principaux événements en France et à l'étranger).*
28 Raoul Vaneigem : *Traité de savoir-vivre à l'usage des jeunes générations.*
29 Georges Corm : *Liban : les guerres de l'Europe et de l'Orient 1840-1992.*
30 Pierre Assouline : *Les nouveaux convertis (Enquête sur des chrétiens, des juifs et des musulmans pas comme les autres).*
31 Régis Debray . *Contretemps (Éloges des idéaux perdus).*
32 Brigitte Camus-Lazaro : *L'année 1992 dans* Le Monde *(Les principaux événements en France et à l'étranger).*
33 Donnet Pierre-Antoine : *Tibet mort ou vif.*
34 Laurent Cohen-Tanugi : *La métamorphose de la démocratie française.*
35 Jean-Jacques Salomon : *Le destin technologique.*
36 Brigitte Camus-Lazaro : *L'année 1993 dans* Le Monde *(Les principaux événements en France et à l'étranger).*
37 Edwy Plenel : *La part d'ombre.*
38 Sous la direction de Jacques Testart : *Le Magasin des enfants.*
39 Alain Duhamel : *Les peurs françaises.*
40 Gilles Perrault : *Notre ami le roi.*
41 Albert Memmi : *Le racisme.*
42 Dominique Schnapper : *L'épreuve du chômage.*
42 Brigitte Camus-Lazaro : *L'année 1994 dans* Le Monde *(Les principaux événements en France et à l'étranger).*
43 Alain Minc : *Le nouveau Moyen Âge.*
44 Patrick Weil : *La France et ses étrangers.*
45 Françoise Baranne : *Le Couloir (Une infirmière au pays du sida).*
46 Alain Duhamel : *La politique imaginaire.*
47 Le Monde : *L'année 1995 dans* Le Monde *(Les principaux événements en France et à l'étranger).*

48 Régis Debray : *À demain de Gaulle.*
49 Edwy Plenel : *Un temps de chien.*
50 Pierre-Noël Giraud : *L'inégalité du monde.*
51 Le Débat : *État-providence (Arguments pour une réforme).*
52 Dominique Nora : *Les conquérants du cybermonde.*
53 Le Monde : *L'année 1996 dans* Le Monde *(Les principaux événements en France et à l'étranger).*
54 Henri Mendras : *L'Europe des Européens.*
55 Collectif : *Le travail, quel avenir?*
56 Philippe Delmas : *Le bel avenir de la guerre.*
57 Le Monde : *L'année 1997 dans* Le Monde *(Les principaux événements en France et à l'étranger).*
58 Robert Littell : *Conversations avec Shimon Peres.*
59 Raoul Vaneigem : *Nous qui désirons sans fin.*
60 Le Monde : *Lettres d'Algérie.*
61 Philippe Simonnot : *39 leçons d'économie contemporaine.*
62 Jacques Julliard : *La faute aux élites.*
63 Le Monde : *L'année 1998 dans* Le Monde *(Les principaux événements en France et à l'étranger).*
64 Le Monde : *La Déclaration universelle des droits de l'homme.*
65 Edwy Plenel : *Les mots volés.*
66 Emmanuel Todd : *L'illusion économique.*
67 Ignacio Ramonet : *Géopolitique du chaos.*
68 Jacques Huguenin : *Seniors : l'explosion.*
69 Olivier Languepin : *Cuba (La faillite d'une utopie).*
70 Jean-Louis Andreani : *Comprendre la Corse.*
71 Daniel Junqua : *La presse, le citoyen et l'argent.*
72 Olivier Mazel : *La France des chômages.*
73 Gilles Châtelet : *Vivre et penser comme des porcs (De l'incitation à l'envie et à l'ennui dans les démocraties-marchés).*
74 Maryvonne Roche : *L'année 1999 dans* Le Monde *(Les principaux événements en France et à l'étranger).*
75 Dominique Schnapper avec la collaboration de Christian Bachelier : *Qu'est-ce que la citoyenneté?*

76 Jean-Arnault Dérens : *Balkans : la crise.*
77 Gérard et Jean-François Dufour : *L'Espagne : un modèle pour l'Europe des régions ?*
78 Jean-Claude Grimal : *Drogue : l'autre mondialisation.*
79 Jocelyne Lenglet-Ajchenbaum et Yves Marc Ajchenbaum : *Les judaïsmes.*
80 Greil Marcus : *Lipstick Traces (Une histoire secrète du vingtième siècle).*
81 Pierre-Antoine Donnet et Anne Garrigue : *Le Japon : la fin d'une économie.*
82 Collectif : *Questions économiques et sociales.*
83 Maryvonne Roche : *L'année 2000 dans* Le Monde *(Les principaux événements en France et à l'étranger).*
84 Roger Cans : *La ruée vers l'eau.*
85 Paul Santelmann : *La formation professionnelle, nouveau droit de l'homme ?*

DANS LA COLLECTION FOLIO/HISTOIRE

1. Georges Duby : *Le dimanche de Bouvines (27 juillet 1214).*
2. Jean-Denis Bredin : *Joseph Caillaux.*
3. François Furet : *Penser la Révolution française.*
4. Michel Winock : *La République se meurt (Chronique 1956-1958).*
5. Alexis de Tocqueville : *L'ancien régime et la Révolution.*
6. Philippe Erlanger : *Le Régent.*
7. Paul Morand : *Fouquet ou le Soleil offusqué.*
8. Claude Dulong : *Anne d'Autriche (Mère de Louis XIV).*
9. Emmanuel Le Roy Ladurie : *Montaillou, village occitan de 1294 à 1324.*
10. Emmanuel Le Roy Ladurie : *Le Carnaval de Romans (De la Chandeleur au mercredi des Cendres, 1579-1580).*
11. Georges Duby : *Guillaume le Maréchal (ou Le meilleur chevalier du monde).*
12. Alexis de Tocqueville : *De la démocratie en Amérique, tome I.*
13. Alexis de Tocqueville : *De la démocratie en Amérique, tome II.*
14. Zoé Oldenbourg : *Catherine de Russie.*
15. Lucien Bianco : *Les origines de la révolution chinoise (1915-1949).*
16. Collectif : *Faire de l'histoire, I : Nouveaux problèmes.*
17. Collectif : *Faire de l'histoire, II : Nouvelles approches.*
18. Collectif : *Faire de l'histoire, III : Nouveaux objets.*
19. Marc Ferro : *L'histoire sous surveillance (Science et conscience de l'histoire).*
20. Jacques Le Goff : *Histoire et mémoire.*
21. Philippe Erlanger : *Henri III.*
22. Mona Ozouf : *La fête révolutionnaire (1789-1799).*

23 Zoé Oldenbourg : *Le bûcher de Montségur (16 mars 1244).*
24 Jacques Godechot : *La prise de la Bastille (14 juillet 1789).*
25 Le Débat : *Les idées en France, 1945-1988 (Une chronologie).*
26 Robert Folz : *Le couronnement impérial de Charlemagne (25 décembre 800).*
27 Marc Bloch : *L'étrange défaite.*
28 Michel Vovelle : *Mourir autrefois.*
29 Marc Ferro : *La Grande Guerre (1914-1918).*
30 Georges Corm : *Le Proche-Orient éclaté (1956-1991).*
31 Jacques Le Goff : *La naissance du Purgatoire.*
32 Hannah Arendt : *Eichmann à Jérusalem.*
33 Jean Heffer : *La Grande Dépression (Les États-Unis en crise 1929-1933).*
34 Yves-Marie Bercé : *Croquants et nu-pieds (Les soulèvements paysans en France du XVe au XIXe siècle).*
35 Arnaldo Momigliano : *Sagesses barbares.*
36 Robert Muchembled : *La sorcière au village.*
37 Gérard Gayot : *La franc-maçonnerie française.*
38 Raul Hilberg : *La destruction des Juifs d'Europe, I.*
39 Raul Hilberg : *La destruction des Juifs d'Europe, II.*
40 Ian Kershaw : *Qu'est-ce que le nazisme ?*
41 Jean Maitron : *Ravachol et les anarchistes.*
42 Maurice Agulhon : *Les Quarante-huitards.*
43 Arlette Farge : *Vivre dans la rue à Paris au XVIIIe siècle.*
44 Norman Cohn : *Histoire d'un mythe (La « conspiration » juive et les protocoles des sages de Sion).*
45 Roland Mousnier : *L'assassinat d'Henri IV.*
46 Michael Pollack : *Vienne 1900 (Une identité blessée).*
47 Nathan Wachtel : *La vision des vaincus (Les Indiens du Pérou devant la Conquête espagnole 1530-1570).*
48 Michel Vovelle : *Idéologies et mentalités.*
49 Jean Bottéro : *Naissance de Dieu (La Bible et l'historien).*

50 Jacques Ozouf : *Nous les maîtres d'école (Autobiographies d'instituteurs de la Belle Époque)*.
51 Léon Blum : *Souvenirs sur l'Affaire*.
52 Georges Duby : *L'An Mil*.
53 Jean-Louis Flandrin : *Les amours paysannes (XVIe-XIXe siècle)*.
54 Bernard Lewis : *Le retour de l'Islam*.
55 Marc Ferro : *Cinéma et Histoire*.
56 Colette Beaune : *Naissance de la nation France*.
57 Présenté par Michel Foucault : *Moi, Pierre Rivière, ayant égorgé ma mère, ma sœur et mon frère…*
58 Zeev Sternhell, Mano Sznajder, Maia Ashéri : *Naissance de l'idéologie fasciste*.
59 José Cabanis : *Le Sacre de Napoléon*.
60 Philippe Joutard : *Les Camisards*.
61 John Kenneth Galbraith : *L'argent*.
62 Marc Fumaroli : *Trois institutions littéraires*.
63 Sous la direction de Jean-François Sirinelli : *Les droites françaises (De la Révolution à nos jours)*.
64 Jean Baechler : *Le capitalisme 1. Les origines*.
65 Jean Baechler : *Le capitalisme 2. L'économie capitaliste*.
66 Gérard Monnier : *L'art et ses institutions en France (De la Révolution à nos jours)*.
67 Pascal Ory : *La France allemande (1933-1945)*.
68 Geneviève Fraisse : *Muse de la Raison (Démocratie et exclusion des femmes en France)*.
69 Georges et Andrée Duby : *Les procès de Jeanne d'Arc*.
70 Henri Mendras : *Les sociétés paysannes*.
71 Éric Conan et Henry Rousso : *Vichy, un passé qui ne passe pas*.
72 Jean-François Sirinelli : *Intellectuels et passions françaises*.
73 Jean-Pierre Vernant : *L'individu, la mort, l'amour*.
74 Lucien Febvre : *Amour sacré, amour profane*.
75 Michel Borwicz : *Écrits des condamnés à mort sous l'occupation nazie (1939-1945)*.
76 Alphonse Dupront : *Qu'est-ce que les Lumières ?*

77 Patrick Verley : *La Révolution industrielle.*
78 Paul Bairoch : *Victoires et déboires, I (Histoire économique et sociale du monde du XVIᵉ siècle à nos jours).*
79 Paul Bairoch : *Victoires et déboires, II (Histoire économique et sociale du monde du XVIᵉ siècle à nos jours).*
80 Paul Bairoch : *Victoires et déboires, III (Histoire économique et sociale du monde du XVIᵉ siècle à nos jours).*
81 Jean Bottéro : *Mésopotamie (L'écriture, la raison et les dieux).*
82 Jean Bottéro : *La plus vieille religion (En Mésopotamie).*
83 Ian Kershaw : *Qu'est-ce que le nazisme ? (Problèmes et perspectives d'interprétation).*
84 Georges Duby : *Dames du XIIᵉ siècle – 1. Héloïse, Aliénor, Iseut et quelques autres.*
85 Zeev Sternhell : *La droite révolutionnaire 1885-1914 (Les origines françaises du fascisme).*
86 Bino Olivi : *L'Europe difficile (Histoire politique de la Communauté européenne).*
87 Élisabeth Laffont : *Les livres de sagesses des pharaons.*
88 Collectif : *Le monde de la Bible.*
89 Georges Duby : *Dames du XIIᵉ siècle – 2. Le souvenir des aïeules.*
90 Geneviève Fraisse : *Les femmes et leur histoire.*
91 Collectif : *1789 La Commémoration.*
92 François Furet : *La Révolution en débat.*
93 Georges Corm : *Le Proche-Orient éclaté 1956-2000.*
94 Alexis de Tocqueville : *Souvenirs.*
95 Jean-Marie Donegani et Marc Sadoun : *La Vᵉ République (Naissance et mort).*
96 Georges Duby : *Dames du XIIᵉ siècle – 3. Ève et les prêtres.*
97 Krzysztof Pomian : *Sur l'histoire.*
98 Collectif : *Aux origines du christianisme.*

99 Eric Hobsbawm : *Nations et nationalisme depuis 1780 (Programme, mythe, réalité)*.

100 Pierre Rosanvallon : *Le sacre du citoyen (Histoire du suffrage universel en France)*.

Composition Nord Compo.
Impression Bussière Camedan Imprimeries
à Saint-Amand (Cher), le 20 août 2001.
Dépôt légal : août 2001.
1ᵉʳ dépôt légal dans la collection : août 2001.
Numéro d'imprimeur : 013766/1.
ISBN 2-07-041988-6./Imprimé en France.

6019